Myriam Veit

HEILKOSMETIK
AUS DER NATUR

Pflegende Salben,
Öle und Essenzen
selber machen

40 Wildpflanzen

50 Rezepte

nymphenburger

INHALT

DIE BASIS FÜR WIRKUNGSVOLLE HEILKOSMETIK 4

PFLANZENPORTRÄTS 74

- 40 einheimische Kräuter und Bäume: von Bär-Lauch bis Wegwarte
- Botanik, Pflanzenkraft und Heilkosmetik

REINE ÄTHERISCHE ÖLE 116

- 32 einheimische und exotische Duftstoffe: von Bergamotte bis Ylang-Ylang
- Herkunft, Duft und Wirkung

Die Basis für wirkungsvolle Heilkosmetik

In der Heilkosmetik sind Auszüge aus Frischpflanzen das A und O – sie sind immer mehr als reine Rohstofflieferanten: Bei einem achtsamen, wertschätzenden und zugleich spielerischen Umgang mit den Pflanzenwesen öffnet sich uns eine ganz neue Welt. Die innere Haltung der Verbundenheit, ein intuitiver Zugang in die Natur und praxiserprobtes Wissen über wirkungsvolle und lebendige Rohstoffe sind die Basis für heilsame, individuelle Kosmetika.

INTUITIV MIT PFLANZEN UMGEHEN

PFLANZENKRÄFTE FÜR GESUNDHEIT UND PFLEGE EINSETZEN

Seit Jahrtausenden verwenden Menschen heilkräftige Pflanzen und duftende Kräuter. Bevor es Bücher oder das Internet gab, fand der Zugang in diese geheimnisvolle Welt über die Intuition statt. Das ist heute noch immer möglich: Das Wesen einer Pflanze zu erfassen heißt, zu erahnen, wahrzunehmen und dabei ganz still zu sein und zu lauschen, was sich offenbaren will. Wer sich auf diese Weise schult, ist im Lauf der Zeit mehr und mehr fähig, in die Kraft einer Pflanze hineinzuspüren. So eröffnet sich ein Gefühl des Miteinanders von Menschen und Pflanzen, von Wesen zu Wesen.

Eine Form ist, das Entstehen von Krankheiten durch eine köstliche und abwechslungsreiche **Wildkräuter-Küche** zu verhindern. Durch die bedingungslose Hingabe der Pflanzen nähren wir nicht nur unsere Seele, sondern auch die Physis – zumindest kann die lebendige Vitalkraft unsere tägliche Ernährung gehaltvoll ergänzen und zu vielfältigen Geschmackserlebnissen führen. Sollten wir dennoch erkranken, können wir über die Arzneikunde mit pflanzlichen Wirk- und Inhaltsstoffen **phytotherapeutisch**

Äpfel reinigen von innen und klären das Hautbild.

heilen und unterstützen. Wir können auch den energetischen und feinstofflichen Aspekt einer Pflanze nutzen, um unseren emotionalen und geistigen Körper wieder in Balance zu bringen. Die Arbeit von Edward Bach mit seinen Bach-Blüten hat diesen Zugang für uns erschlossen. **Feinstoffliche Essenzen** lassen sich grundsätzlich von jeder Pflanze und jedem Mineral herstellen, so dass wir eine unglaublich große Quelle zur Selbstheilung und Unterstützung zur Verfügung haben. Bei der eigenen Herstellung solcher Präparate lernen wir viel über das individuelle Wesen einer Pflanze.

Klatschmohn und Ringelblume: bewährte Helfer bei strapazierter Haut

Die kraftvolle moderne **Aromatherapie** unterstützt über die Duftbotschaft ätherischer Öle Heil- und Entspannungsprozesse. Die Öle bieten ein sehr weitreichendes Spektrum an Wirkstoffen, die nicht nur präventiv eingesetzt werden können. Auch die emotionalen Aspekte eines Duftes spielen dabei immer eine Rolle. Düften können wir uns nicht entziehen – sie fordern eine Reaktion. Immer mehr Menschen setzten heute auch gezielt die traditionelle **Räucherkunde** (vgl. Die Heilkraft der Raunächte, Nymphenburger) ein. Der aufsteigende Rauch symbolisiert seit jeher die Verbundenheit des Menschen mit dem Kosmos, dem großen Ganzen, der göttlichen Liebe. Harz- und ölhaltiger Rauch reinigt effektiv, auf energetischer Ebene. Er vermittelt immer auch eine meditative und geistige Komponente.

Der Duft einer Pflanze ist eine lebendige Botschaft.

ZUR RUHE KOMMEN

Sich intuitiv mit Pflanzen zu beschäftigen bedeutet zunächst, innerlich zur Ruhe zu kommen. Wir sind in der heutigen Zeit meist viel zu schnell und laut unterwegs, um die leisen und unaufdringlichen Botschaften des Pflanzenwesens überhaupt noch wahrzunehmen.

Mit innerer Ruhe und Offenheit des Herzens können Sie sich am besten einer ausgewählten Pflanze in der Natur oder im Garten nähern. Pflanzen haben sozusagen ein anderes Tempo, daher ist es hilfreich, zunächst selbst ganz still zu werden. Setzen Sie sich mit dieser Haltung eine Weile zur Pflanze: lauschend, innehaltend und mehr und mehr erkennend, was sich Ihnen offenbart.

Natürlich können wir auch auf der **heilkosmetischen** Ebene eine ganz tiefe Verbindung zu Pflanzen aufbauen und ihre pflegende Heilkraft für die Schönheit, Vitalität und Gesundheit unserer Haut entdecken. Wir leben heute in einer Zeit der Fülle und der Möglichkeiten. Sie wird umso spannender und lebendiger, wenn wir dabei ins eigenständige Tun kommen und selbst Neues entdecken.

DEN EIGENEN ZUGANG FINDEN

Ob Aromatherapie, Räucherkunde, die wissenschaftlich-analytische Phytotherapie oder ein Repertoire selbst hergestellter Heilkosmetik: All diese Zugänge in die Welt der Pflanzen sind wie Pforten, die zu einer ganzheitlich orientierten Betrachtung führen. Das Ganze einer bestimmten Pflanze wird so erfassbar.

Jeder Mensch geht auf seine ganz persönliche Weise auf eine Pflanze zu. Manche kennen den deutschen oder lateinischen Namen oder erkennen Form und Gestalt im botanischen Sinn. Andere erfassen schnell die feinstoffliche Kommunikation des Pflanzenwesens. Wieder andere legen vor allem Wert auf kulinarische Aspekte oder auf gesundheitsfördernde und pflegende Wirkungen. In welcher Lebensphase und wie auch immer der erste Schritt erfolgt: Mit Achtsamkeit und liebevoller Aufmerksamkeit offenbart sich die Heilkraft des Pflanzenwesens wie von selbst.

DER WEG DER ACHTSAMKEIT

SICH IN HINGABE UND RESPEKT ANNÄHERN

Wenn wir den Ruf der Natur hören, ist es vielleicht an der Zeit uns mit Pflanzen vertrauter zu machen. Vielleicht haben wir irgendwo etwas gelesen oder gehört, das uns inspiriert. Wir nutzen diese Information, aber sie ist noch nicht unser eigenes, individuelles Erleben. Was dazu fehlt, ist: sich der Pflanzenwelt durch einen eigenen Zugang zu nähern. Nur was wir selbst fühlen, erkennen wir als wahrhaftig. Wir begegnen dem Pflanzenwesen wie wir uns einem Menschen öffnen, um ihn auf ganz persönliche Art kennenzulernen.

Eine schöne Erfahrung ist, sich einer Sache oder einer Begegnung ganz hinzugeben, ohne etwas zu wollen. Es gibt so viele Möglichkeiten der Annäherung: eine Pflanze zeichnen, sie täglich besuchen, um ihre Kraft zu erfahren, ein Lied für sie zu singen oder in ihrer Nähe zu meditieren. Vielleicht begegnen uns durch die Kontaktaufnahme Botschaften im Traum. Wenn wir uns wirklich innerlich öffnen, werden sich Zugänge und Verbindungen offenbaren.

Das Wesen einer Pflanze offenbart sich in meditativer Stille.

Mit geöffneten (inneren) Sinnen entsteht Raum für die Begegnung von Wesen zu Wesen.

IN KONTAKT TRETEN

Beginnen Sie, wo Sie gerade sind. Richten Sie Ihre Aufmerksamkeit zunächst auf eine Pflanze im näheren Umfeld, die Sie kennenlernen wollen. Nähern Sie sich und halten Sie Ihre Hände darüber. Spüren Sie hinein: Ist die Ausstrahlung warm oder eher kühl? Vernehmen Sie eine Duftbotschaft oder nehmen Sie eher Farbe und Form wahr? Vielleicht stößt Sie die Pflanze sogar ab. Bleiben Sie eine Zeitlang dabei – und schreiben Sie danach am besten auf, was Sie wahrgenommen haben.

Gerade die Pflanzen in unserer unmittelbaren Nähe – am Wegesrand beim täglichen Spaziergang, an einer Lieblingsstelle im Wald, im eigenen Garten – können uns etwas sagen. Sie können uns als Nahrung, zur Heilung oder Unterstützung unserer Kraft dienen, oder auch „nur" gesehen und geschätzt werden. Aus dem Zentrum der Ruhe verbinden wir uns mit der Kraft der Pflanzen. Das Erlebte zu notieren, ist immer sinnvoll. Nach einiger Zeit in ein solches Pflanzen-Tagebuch wieder hineinzulesen, bringt oftmals erstaunliche Erkenntnisse. Wir sehen, wie die Intuition bereits von Anfang an da war und wohin sie uns führte. Irgendwann können wir dank unserer Hingabe immer deutlicher spüren, ob eine bestimmte Pflanzenkraft eher zur Pflege, zur Heilung oder zur Nahrung dient.

Eine achtsame, meditative Haltung ist das beste Motiv: Wir beurteilen nichts, sondern nehmen einfach wahr – es ist, wie es ist. Das Erfahrene macht uns nicht größer, aber auch nicht kleiner, als wir sind. Die natürliche Visions- und Erkenntniskraft verschwindet, sobald sich das Ego einschaltet. Umso wichtiger ist es, die feinstofflichen Zugänge unserer Seele immer wieder zu reinigen, damit Licht und bedingungslose Liebe fließen können. Wir bleiben in Ruhe und Verbundenheit, kultivieren diese Eigenschaften in uns, damit nicht nur die Pflanzen uns dienen, sondern auch wir ihnen dienen. Die Kraft des Lichtes potenziert sich, wenn wir unser Herz öffnen: wir geben und nehmen

IN VERBINDUNG BLEIBEN

Wenn es zunächst schwer fällt, einen persönlichen Zugang zu finden, können wir die ausgewählte Pflanze, die etwas in uns berührt, täglich besuchen. Auch wenn es auf dem Weg zur Bushaltestelle ist. Wir nehmen sie wahr in der Kraft des Sonnenlichtes, im Regen, im Lauf der Jahreszeiten. Wir halten so oft es geht die Hand darüber und spüren hinein. Es ist erstaunlich, was wir erleben können: die Üppigkeit der Blüten, das Ausbilden der Samen, das Wachsen von Wurzelausläufern ... Dabei kann in empathischer Verbundenheit eine Frage auftauchen: Wie fühlt dieses Wesen, das mit anderen Pflanzen, mit der Erde, mit dem Kosmos und mit uns verbunden ist, in der jeweiligen Situation?

Wenn wir nicht gerade eine giftige Pflanze (zuvor treffsicher bestimmen!) gewählt haben, können wir ein kleines Stück von Blättern, Blüten oder Wurzel kosten. Wir schnuppern zuvor an ihr und bitten darum, an ihrer Kraft teilhaben zu dürfen. Es ist einen Versuch wert zu erspüren, worin ihre Heilkraft besteht. Vielleicht spricht sie einen Körperteil in uns an oder ruft eine bestimmte emotionale Resonanz hervor. Es geht darum, zunächst spielerisch einen eigenen Weg zu finden, der uns entspricht. Später können wir nachlesen oder in Erfahrung bringen, was andere darüber zu sagen haben. Oftmals werden wir ganz erstaunt feststellen, dass sich die Aussagen sogar decken – wir lernen mehr und mehr, unserer Intuition zu vertrauen. Welch ein Geschenk.

MIT BUNTSTIFT UND PINSEL

Ein guter Zugang zur Betrachtung ist das Zeichnen – auch wenn viele meinen, keine künstlerischen Qualitäten zu besitzen. Darauf kommt es nicht an, niemand muss die Werke sehen. Nehmen Sie einfach Buntstifte, einen Bleistift oder den Aquarell-Kasten in die Hand und fangen Sie an. Bringen Sie auch die gefühlte oder für Sie sichtbare Ausstrahlung der Pflanze, ihre Schwingungen und ihr Kraftfeld oder ihre Aura, zu Papier. Wie immer können Sie sich notieren, was Sie erleben, auch wenn es scheinbar in keinem direkten Bezug zu stehen scheint.

DEN *WEG DER WEISEN FRAU* GEHEN

Ein besonders schöner Weg der Verbindung ist die achtsame Begegnung zweier Wesen von Herz zu Herz. In der *Tradition der weisen Frau* wird nicht nur rational und wirtschaftlich nach potenziell effektiven Wirkstoffen gesucht, sondern die Verbundenheit der Schöpfung erkannt und bewahrt. Diese Form der Betrachtung und Heilweise ist still, nahezu unsichtbar. Nährend und vorbeugend, absolut präsent, dabei vollkommen leicht und selbstverständlich. Wir erkennen die Urkraft allen Seins im eigenen Selbst genauso wie im Gegenüber. Gesundheit ist dabei nicht die Abwesenheit von Krankheit, sondern Wahrhaftigkeit, Fülle, Bedingungslosigkeit, Daseinsfreude in allen Zellen und erfüllte Liebe. Hier gibt es keine statischen, festgesetzten Werte, sondern einzig den wachen, immer frischen Moment mit allen Varianten, die die Komplexität des Lebens mit sich bringen kann.

Der Weg der weisen Frau ist eine eher weibliche Tradition, da es vorwiegend die Mütter und Großmütter sind, die ihre Kinder und Kindeskinder nähren und versorgen. Schutz vor Krankheiten, tröstende Hände, liebevolle Worte bei Kummer ... Diese alltägliche Verbundenheit findet meist unbemerkt statt und wird daher nicht unbedingt gewürdigt. Ebenso unspektakulär und ursprünglich sind die Verbündeten der weisen Frau – frische Luft, strahlendes Sonnenlicht, die Kraft der Erdenmutter, reines Wasser, erwachte Herzensliebe, das Mitgefühl und die Empathie, auch die Steine und die Wildkräuter.

Edelsteine der Erde zurückgeben – eine Geste der Dankbarkeit.

DAS GESCHENK DER HEILKOSMETIK

Wenn Sie Heil- oder Naturkosmetik selbst herstellen, wissen Sie zu hundert Prozent genau, was sich im Tiegel oder im Fläschchen befindet. Sie arbeiten im Einvernehmen mit der Seele der Pflanze, verwenden frisches Pflanzengut und können die Dosierung genau Ihren individuellen Bedürfnissen anpassen. Wildwachsende und nachwachsende Rohstoffe, vielleicht sogar aus Ihrem eigenen Anbau, machen das Produkt kraftvoll und einzigartig. Wenn Sie Ihre Rezepturen in meditativer Stille fertigen, halten Sie sie auch energetisch rein. Dabei können Sie sich am Mondkalender orientieren und den feinstofflichen Aspekt einer Pflanze integrieren.

Mitgefühl heilt. Empathie schützt die Integrität des Anderen. Wir brauchen hierfür keine heilkundlich fundierte Ausbildung, sondern einzig die Wachheit unseres Herzens. Selbstverständlich gibt es auch feinfühlige Männer, die den Pfad der weisen Frau gehen und in pflegerischen, sozialen oder medizinischen Berufen tätig sind oder sich liebevoll um ihre Kinder kümmern. Immer geht es um den Weg der Freude und der Fülle, des Teilens, Sich-unterstützens und Sich-gegenseitig-willkommen-Heißens. Ein spielerischer und zugleich tiefgründiger Weg von Mensch zu Mensch und von Mensch zu Pflanze.

Die Heilkraft von Pflanzen offenbart sich auch in Farbe und Struktur.

SICH BEIM PFLANZENGEIST BEDANKEN

Wir verweilen in Stille und Frieden mit dem Pflanzenwesen, wie es für uns gut und richtig ist. Dann bedanken wir uns bei der Kraft der Pflanze. Schön ist es, ein kleines Geschenk wie ein paar Edelsteine oder aber ökologisch wertvollen Dünger dazulassen. Wir können uns aber auch um einen kranken, geschwächten Baum kümmern, Insekten unterstützen, vom Aussterben bedrohte Arten kultivieren oder Müll in der Natur sammeln.

Es gibt viele Möglichkeiten, das Geben und Nehmen der Natur in Liebe im Fluss zu halten. Besonders wichtig wird dies, wenn wir den stofflichen Körper einer Pflanze aus der Natur herausnehmen. Achtsamer Umgang mit den Schätzen der Natur heißt, nur zu sammeln, was wirklich benötigt wird.

DIE HAUT – PFORTE UND SCHUTZORGAN ZUGLEICH

DER SPIEGEL DER SEELE

Unsere Haut ist nicht nur der Spiegel unserer Seele, sie symbolisiert auch die Verbindung von Innenwelt und Außenwelt. Die *ehrliche Haut* zeigt unsere Emotionen und Reaktionen auf bestimmte Situationen viel deutlicher als uns manchmal vielleicht lieb ist. Wir erröten in angespannten Situationen, die *Haut platzt vor Wut* (vgl. Couperose), wir möchten *aus der Haut fahren* (vgl. Neurodermitis) oder wir fühlen uns *rundum wohl in unserer Haut*. Redewendungen machen deutlich, wie eng unser emotionales Wohlbefinden und die Haut miteinander verknüpft sind. Die Haut ist Grenze und Tor zugleich. Wir fühlen uns manchmal schutzlos ausgeliefert, reagieren allergisch auf Umwelteinflüsse und Stress verursacht rote Flecken oder ein nervöses Jucken ...

Meditative Verbundenheit potenziert sich in der Gruppe.

Sind wir in Harmonie mit uns selbst und unserer Umwelt, verschwinden viele Reaktionen und sogar Fältchen von selbst. Das Hautbild wird ebenmäßig und von innen heraus strahlend schön. Unser Hautbild erstrahlt von innen nach außen: Es zeigt sich, wie wir uns fühlen oder selbst erleben. Gleichzeitig kann sich ein schwerwiegendes Hautproblem natürlich auch auf unser Gemüt legen. Das macht deutlich, warum die Gesundheit der Haut so wichtig ist.

Sich gegenseitig Gutes tun, nährt die Seele – und so auch die Haut.

AUFBAU UND FUNKTION

Die Haut ist unser größtes Organ. Sie hält den Organismus rein, scheidet Gifte aus oder lässt sie erst gar nicht hinein – sie schützt unser Innenleben. Aufgebaut ist sie in drei Schichten: Oberhaut, Lederhaut und Unterhaut.

Die **Oberhaut** ist die Verbindungsstelle mit der Außenwelt und den beiden anderen Hautschichten. Durch Zellteilung bildet sie ständig neue Zellen, das heißt sie regeneriert sich selbst. Abgestorbene Partikelchen verbleiben ganz oberflächlich als kleine Schuppen in ihrer Hornschicht. Eine Hautzelle hat wie der Mond einen Zyklus von 28 Tagen zwischen Entstehen bis zum Verschuppen. Das Hautfett schützt vor Austrocknung und Einflüssen der Umwelt. Zwischen den Zellen der Oberhaut ist Wasser sowie Harnstoff gespeichert, was die Haut elastisch hält. Bei einer Funktionsstörung kann es sein, dass die Haut zu wenig Wasser speichert und austrocknet, was wiederum mit Rötung und Juckreiz einhergehen kann. In der Oberhaut befinden sich zahlreiche Nervenbahnen. Das Nervengeflecht in Ober- und Lederhaut ergibt pro Quadratzentimeter eine Länge von etwa vier Metern.

Die mit der Oberhaut dicht verzahnte **Lederhaut** ist stark durchblutet. In den Kapillargefäßen fließt das vom Herzen kommende arterielle Blut durch den Organismus wieder als venöses Blut zurück zum Herzen. So wird offensichtlich, weshalb wir auf ausschließlich naturreine Kosmetik zurückgreifen sollten: Was auf die Haut gegeben wird, gelangt über das Blut in den gesamten Organismus.

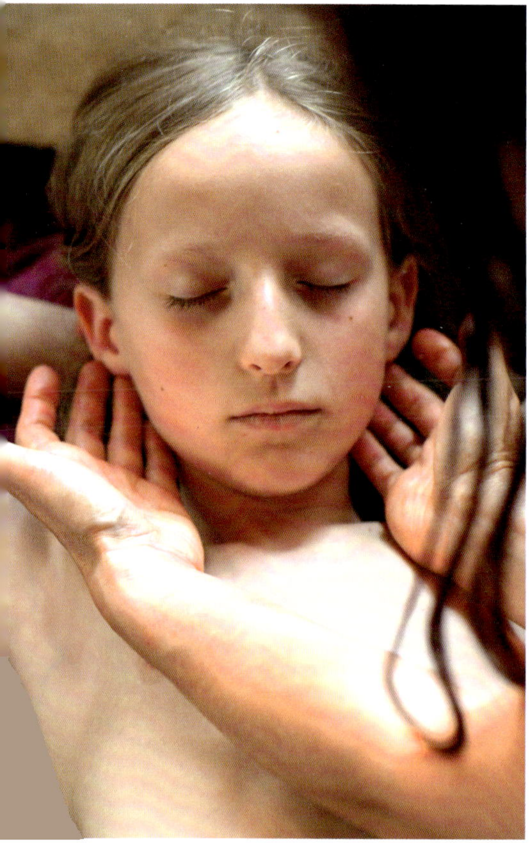

Berührung fördert das Wohlbefinden auf allen Ebenen.

Konventionelle, synthetische Produkte können daher fatale Folgen haben, selbst wenn sie mit natürlichen ätherischen Ölen angereichert sind. Denn diese Öle sind wie Transportmittel: Leider erfüllen sie diese Aufgabe aber auch für Konservierungsstoffe oder andere schädliche Substanzen.

Über die Sinneszellen genießen wir Streicheleinheiten, spüren aber auch die Temperatur oder Schmerzen. Jede Empfindung wird über Rezeptoren zum Nervensystem transportiert, weitergeleitet und vom Gehirn ausgewertet. Sogenannte Reflexpunkte der Haut stehen in Verbindung zu bestimmten Körperteilen oder Organen. Diese Verbindung zur Innenwelt des Körpers machen sich die unterschiedlichen Richtungen ganzheitlicher Therapien wie etwa die Akupressur zu Nutze.

Verschiedene Drüsen sind wie kleine, selbstständig arbeitende Pflegestationen. Talgdrüsen produzieren Talg, der eine schützende Funktion hat, da er sich einem Öl ähnlich über die Hautschicht ausbreitet. Schweißdrüsen dienen der Ausscheidung von Stoffwechselprodukten wie etwa Salzen. Sie regulieren auch das Temperaturempfinden. Duftdrüsen wiederum prägen unseren ganz individuellen Körpergeruch. Hier treffen sich wiederum Duft und Emotion: Wir können einander im wahrsten Sinne riechen oder eben nicht. Der Duft verrät uns vielmehr über andere Menschen, als wir oftmals ahnen – was auch die Forschung über eine partnerschaftliche und sexuelle Anziehung durch den Geruchssinn bestätigt.

Die Poren der Haut sind sogar mit bloßem Auge erkennbar. Ihre Größe stellt für manche Menschen ein kosmetisches Problem dar. Durch sie ist die Haut sehr aufnahmefähig. Mit diesem Wissen arbeitet die schulmedizinische wie naturheilkundliche Medizin. Nikotin- und Hormonpflaster wirken ebenso wie Salben mit ätherischen Ölen oder Essenzen. Eine Überdosierung kann den gesamten Organismus belasten und Leber und Niere als Reinigungsorgane überstrapazieren. Gerade bei der Heilkosmetik spielt die sinnvolle Dosierung der verwendeten Pflegemittel und die Auswahl der Rohstoffe eine große Rolle.

Die Unterhaut besteht aus Binde- oder Stützgewebe, in dem weitere Blutgefäße und die Lymphbahnen liegen. Im so genannten Epithel ist die individuelle Hautfarbe definiert. Diese Schicht ist bei Männern meist etwas dicker als bei den Frauen. In der Unterhaut befindet sich das Fettgewebe, das unsere Körperform konturiert, den Wärmehaushalt reguliert und Energiereserven speichert. Ein gutes Polster schützt uns auch vor Verletzungen – körperlich wie seelisch. Nach anthroposophischen Gesichtspunkten lebt das Ich des Menschen in der Wärme des Blutes. Nicht selten schützen sensible Naturen ihr Ich oder ihr Wesen unbewusst durch ein Fettpolster. Sie halten sich so eine beängstigende und fordernde Außenwelt vom Leib.

HAUTBILDER UND IHRE BEHANDLUNG

Bei allen Erkrankungen der Haut wie auch bei allergischer Reaktion ist oftmals eine Sanierung des Darmes wichtig. Der Zusammenhang zwischen gesundem Darm und schöner Haut ist offensichtlich. Der Darm steht nicht zuletzt auch für das Verdauen von Erlebnissen, so dass sich über die Haut immer auch ein Stück weit die persönliche Lebensgeschichte und unser Wesen zeigen können.

Die Füße nehmen Wirkstoffe besonders gut auf.

Außerdem ist es sinnvoll und angeraten, durch geeignete Heilkräuter und Therapien regelmäßig Leber und Nieren als Entgiftungsorgane des Körpers zu entlasten. Wichtig für ein nachhaltig schönes Hautbild ist auch, Eiterherde im Körper aufzuspüren und diese zu beseitigen. Zu finden sind diese beispielsweise in faulen Zähnen, unter Zahnkronen oder in chronisch vereiterten Nebenhöhlen oder Mandeln.

Unreine und fettige Haut

Die Haut kann sich zwar weitgehend selbst reinigen, stößt dabei aber an Grenzen. Mitesser sind Talgpfropfen, die die Ausgänge der Poren verstopfen. Siedeln sich Bakterien an, entzünden sie sich. In der Pubertät wie auch in bestimmten anderen Lebensphasen erfolgt eine hormonelle Umstellung des ganzen Körpers: Der Stoffwechsel verändert sich und der Geist macht sich auf zu neuen Ufern. Die Leichtigkeit der Kindertage wendet sich dem individuellen Gestalten des Lebens zu. In dieser Zeit lernen wir, uns wirklich zu akzeptieren und nehmen bisher Vertrautes aus einem neuen Blickwinkel wahr. Das ist oftmals mit Unsicherheit verbunden, was die Reaktion der Haut deutlich sichtbar macht. Zur Heilung von Akne und unreiner oder fettiger Haut gehört deshalb auch ein Prozess des Sich-selbst-Annehmens – und das Erkennen, dass unreiner Haut immer ein Reinigungsprozess zugrunde liegt.

Heilkräuter helfen – in der Wildkräuter-Küche wie auch als Präparate.

Akne ist ganzheitlich zu behandeln: durch gesunde Ernährung und die Vermeidung von Verstopfung. Frisch gepresste Säfte sowie die Rohkost- und Wildkräuter-Küche sind dabei überaus hilfreich. Unreine, fettige und großporige Haut bedarf besonderer Pflege und einer gründlichen, aber sanften Reinigung. Leider wird das Problem oftmals aggressiv behandelt, gerade wenn man sich selbst nicht mehr so gut leiden mag und die lästigen Pickel so rasch wie möglich zum Verschwinden bringen möchte. Doch ist es wichtig, geduldig zu sein, denn Akne-Narben können ein Leben bleiben. Zur täglichen Pflege ist eine schonende Reinigung wichtig.

PFLEGE

Bewährt hat sich Lava-Erde, die die Haut mit einer Art Löschpapier-Effekt reinigt, wobei übermäßiger Talg einfach abgetragen wird. Das Gesicht wird mit einem Wattebausch, getränkt mit einem zusammenziehenden und desinfizierenden Gesichtswasser mit wenig oder ohne Alkohol nachgereinigt. Gut geeignet ist Hamamelis-Wasser, ebenso ein Gesichtswasser mit Auszügen aus Spitzwegerich, Schafgarbe, Aloe vera, Lavendel oder Kamille. Danach eine naturreine Creme hauchdünn auf die noch leicht feuchte Haut auftragen. Zusätzlich sind auch naturreine Kampfer-, Rosmarin- und Thymian-Extrakte sinnvoll. Cremes für diesen Hauttyp sollten eine wirkstoffhaltige Fettbasis mit solchen Kräuterauszügen enthalten, damit sich die Hautfunktion reguliert. Sonst produziert sie weiterhin übermäßig Talg, um sich zu schützen.

Einmal pro Woche empfiehlt sich eine Gesichtsmaske auf der Basis grüner Heil-Erde, um die Oberhaut zu stärken, Entzündungen zu lindern und gleichzeitig zu desinfizieren. Zuvor ist auch ein Gesichtsdampf mit Kamillen- oder Ringelblumen-Blüten sinnvoll, damit sich die Poren öffnen. Wir können auch Wattepads mit Gesichtswasser tränken und sie für eine schnelle Wirkung auflegen. Das Ausdrücken von Pickeln empfiehlt sich nur unter sachkundiger Anleitung bei verstopften Poren, nicht bei bereits entzündeten Pickeln. Ab und zu darf die fettige Haut nachts atmen und wird dann nur mit Hydrolat behandelt, nicht aber eingecremt.

Zucker, Alkohol und Kaffee erschweren die Heilung ebenso wie stark fetthaltige Speisen und Junkfood. Doch gibt es auch sinnvolle Alternativen. Raffinierten Zucker können Sie beispielsweise durch Steviapulver ersetzen, Kaffee durch entzündungshemmenden grünen Tee. Ideal ist eine vollwertige, faserreiche, rohkostbasierte vegetarische Ernährung. Wie bei allen Entgiftungsprozessen muss dem Körper genügend Flüssigkeit (Wasser, Kräutertee) zugeführt werden, damit er Giftstoffe abtransportieren kann.

Trockene Haut, Allergien und Neurodermitis

Dieser Hauttyp zeigt immer eine Art Mangelerscheinung an, eventuell auch eine emotionale "Unterernährung". Eine Neigung zu Neurodermitis haben heute erschreckend viele Menschen, was sicherlich mit den schwierigen Umweltbedingungen unserer Zeit einhergeht, sowie mit seelischer Überlastung. Die Haut juckt, schuppt, kratzt, ist gerötet und die Nerven scheinen blank zu liegen. Schafwolle, enge Bekleidung, eine die Durchblutung anregende oder konservierte Kosmetik oder bereits das Sonnenlicht oder Badewasser können einen unerträglichen Juckreiz auslösen. Durch Kratzen wird die Haut dann noch empfindlicher. Ein Teufelskreis kann entstehen, wenn dieser Hauttypus nicht ausreichend geschützt und in seiner Selbstheilungskraft aufgebaut wird.

PFLEGE

Die Rohstoffe sollten immer absolut naturrein und unbelastet sein. Je weniger Inhaltsstoffe eine Creme hat, desto allergieärmer ist sie. Bei Neurodermitis empfiehlt sich eine qualitativ hochwertige Rosen-Creme oder ein Öl aus Rosen-Blüten auf der Basis von biologischem Jojoba-Öl oder dem Öl aus Wildrosen-Samen. Sehr gut geeignet ist auch reines Hanf- oder Nachtkerzen-Öl aus erster Kaltpressung.

Am besten nur wenige, sehr gut verträgliche und lindernde ätherische Öle verwenden: Bewährt hat sich eine Creme auf Basis von Orangen- oder Malven-, Ringelblumen- oder Kamillen-Blüten, verfeinert mit etwas mild entzündungshemmendem ätherischem Öl wie Lavendel, Rosen-Blüten, Amyris, Weihrauch oder Ylang-Ylang oder einer feinstofflichen Essenz. Nach jedem Kontakt mit Wasser die Haut eincremen oder einölen, besonders nach dem Baden. Das Einölen des Körpers vor dem Besuch des Schwimmbades ist ein sinnvoller Schutz. Diesen Hauttyp am besten nicht ausschließlich von außen behandeln, da die Haut sonst die Regulation des Fett- und Feuchtigkeitshaushaltes einzustellen beginnt. Innerlich empfiehlt sich hier zusätzlich Tee, z.B. aus Rotklee-, Veilchen- und Lavendel-Blüten.

Wenn Sie eine neue Substanz verwenden, immer einen Verträglichkeitstest machen (Kasten gegenüber). Cremes mit synthetischen Duft-, Farb- und Konservierungsstoffen sowie anderen belastenden Inhaltsstoffen kommen nicht in Frage. Mögen Sie Gesichtswasser, sollten Sie auf alkoholfreies und unkonserviertes Rosen-Blüten-, Cistrosen- oder Lavendel-Hydrolat zurückgreifen. Kontraproduktiv sind synthetische Haarfärbemittel und Dauerwellen.

Die trockene und schuppige Haut verträgt auch keine Peelings. Sonnenbank wie eine intensive Sonneneinstrahlung und die Verwendung synthetischer Lichtschutz-Präparate wirken ebenso der Heilung entgegen.

Ursachen können eine Nahrungsmittel-Allergie wie die Unverträglichkeit von Kuhmilch oder Weizenproteinen sein sowie eine Reaktion auf synthetische Kosmetika oder auf Waschmittel, aber auch die körperliche Belastung mit Schwermetallen oder eine Vergiftung mit Quecksilber (etwa im Amalgam). Auch übermäßiger Konsum von Alkohol, Pestizide (in der Nahrung), ein Mangel an natürlichen Vitaminen oder Mineralstoffen, die häufige Einnahme von Antibiotika oder Dauerstress, mangelnde Zuwendung und (Selbst-) Liebe können Ursache sein. Meist liegen bei diesem komplexen Hautbild mehrere Komponenten vor.

EINEN VERTRÄGLICHKEITSTEST DURCHFÜHREN

Sie können zum Austesten kinesiologisch vorgehen oder natürliche Pflanzen-Auszüge, Basis-Öle, feinstoffliche Essenzen und Wachse pur auftragen, um eine mögliche Reaktion ermessen zu können. Ätherische Öle und Tinkturen verdünnen Sie auf jene Dosis, die Sie verwenden wollen. Sie geben jeweils eine kleine Menge in die Beuge des Ellenbogens. Wenn Sie hochgradiger Allergiker sind, fragen Sie bitte einen erfahrenen Arzt oder Heilpraktiker nach Testflacons. Manche Hersteller bieten Allergikerberatungen oder therapeutische Testsets an.

Manche Menschen verstecken unbewusst ihre Angst vor Berührung und Nähe hinter einer auffälligen Rötung und Schuppung der Haut, gerade wenn Erfahrungen der Schutzlosigkeit oder Verlassenheit in der Kindheit traumatisierend gewirkt haben. Nicht selten zeigen Allergien eine Reaktion auf Ansprüche, Anforderungen und Wünsche, die andere an uns haben, an. Druck entsteht, wenn wir meinen, diesen gerecht werden zu müssen, um geliebt und anerkannt zu sein. Wir stehen nicht zu uns selbst, sondern versuchen, es allen recht zu machen. Auch die Schwellenangst vom Ich zum Du kann hier ein Thema sein. Der Weg der Selbstreflexion, der Selbstliebe und Hingabe an tiefes Vertrauen kann heilsam sein – auch wenn er Jahre dauert. Wir können beginnen, wo wir stehen. Eine hilfreiche Unterstützung zur Klärung emotionaler Aspekte sind Behandlungen der Energie-Clearing .

Couperose und Bindegewebsschwäche

Geplatzte Äderchen sind die Auswirkung eines geschwächten Bindegewebes, was sich auch in der Anlage zu Cellulite, Schwangerschaftsstreifen, Hämorrhoiden oder Venenschwäche bemerkbar macht. Die Blutendgefäße sind hierbei erweitert und als rote oder bläuliche Gefäß-Ästchen, hauptsächlich auf Nase und Wangen, sichtbar.

Witterungseinflüsse können diesen Hauttyp angreifen und das Gesicht wettergegerbter Naturen prägen, sowohl durch starke Hitze als auch durch den Einfluss von Kälte. Aber auch Menschen, die viel Alkohol konsumieren, können im Lauf der Zeit dieses Hautbild entwickeln. In der Schwangerschaft bilden manche Frauen ebenso vorübergehend die charakteristischen Symptome. Meist klingen diese Rötungen nach der Geburt aber wieder ab.

Vom Typ her entwickeln eher hitzige, leicht erregbare und vitale Menschen dieses Erscheinungsbild. Es scheint, dass sich hier überschüssige Energie einen Weg sucht und nach außen entweichen will. Folgendes kann gut helfen, Energien zu kanalisieren: Sport, Yoga, Meditation zur Innenschau, aber auch eine ausreichende innere Ruhe. Dieses Hautbild ist in erster Linie ein kosmetisches Problem, doch empfinden manche Menschen eine Gesichtsrötung auch als störend für das Selbstwertgefühl. Die psychischen Ursachen sind nicht selten ein gestauter Energiefluss wie eine tief sitzende Wut oder anhaltender Groll. Schwäche des Bindegewebes symbolisiert eine mangelnde Struktur oder Halt im Leben, kann aber genauso auch umschlagen in eine krampfhafte Kontrolle des äußeren Geschehens und des eigenen Selbst. Dieser Haut-

Lavendel regt die Regeneration der Zellen an und wirkt beruhigend.

PFLEGE

Zur äußerlichen Unterstützung verwenden Sie milde, adstringierende Kräuter, um Rötungen zu mildern. Dazu gehört die salicylsäurehaltige Silberweide, die eine Blutanstauung etwas zum Verblassen bringt. Als Auflagen wirken auch Schwarztee, Steinklee oder Kompressen mit Rosenblättern (nicht Blüte) mildernd. Beruhigende Auszüge aus Weidenröschen, Buche, Rosskastanie, Schafgarbe, Honig- oder Wundklee, Hirtentäschel und Hamamelis sind ebenso sinnvoll. Bei Verwendung von natürlichem Make-up ist Mohn-Öl eine sinnvolle, da gründliche und gleichzeitig schonende Abschminke.

Vor jedem Gang nach draußen sollten Sie sich dünn eincremen und die Haut gut schützen. In der Gesichtspflege sind stark durchblutungsfördernde Pflanzen oder ätherische Öle nicht sinnvoll. Geeignet sind dagegen beruhigende ätherische Öle wie Lavendel, Steinklee, Narde, Kamille und Schafgarbe *blau*. Unterstützung von innen bieten das Bindegewebe strukturierende Pflanzen wie Ackerschachtelhalm. Regelmäßig können wir auch Silicea (pur oder homöopathisch D6) einnehmen, was den Heilungsprozess unterstützt.

Empfehlenswert für Arme, Beine und Po sind die Durchblutung fördernde Auszüge wie Kaffee-, Wacholder-Beeren-, Rosmarin-, Birken-Blätter- oder Brennnessel-Mazerat. Die ätherischen Öle von Zitrusfrüchten, Lemongras, Rosmarin, Kampfer, Myrte und Zypresse sind ebenso wirksam wie Extrakte der Rosskastanie und Steinklee.

typ weist meist auf ein sehr weiches, zugängliches und herzliches Naturell hin und kann durch sanftes Hineinlassen dieser Qualitäten geheilt werden. Eine Öffnung des Herzens und der eigenen Liebesfähigkeit ist daher auch eine wesentliche Grundlage der Behandlung.

Sport und ausreichend Bewegung an der frischen Luft sind bei Cellulite und einer Schwächung des Bindegewebes unabdingbar. Wechselduschen, Massagen mit einer Trockenbürste oder Lymphdrainage stärken ebenso das Bindegewebe. Kupferbürsten und Massage-Pads helfen bei täglicher Anwendung effektiv – erste Erfolge sind bereits nach einer Woche erkennbar. Sie sind allerdings nicht für das Gesicht geeignet. Was sich ebenso bewährt hat, ist eine Umstellung auf mindestens 80 Prozent Bio-Rohkostanteil mit vielen Wildkräutern in der Ernährung. Wer nicht auf Dauer umstellen mag, kann es mit einer Kur von zwei bis vier Wochen langsam angehen und auf diese Weise erste Erfahrungen sammeln. Der Besuch eines Detox-Wochenendes bzw. ein Seminar zur Umstellung auf Rohkost- und wildkräuterbasierte Ernährung kann hilfreich sein (siehe Adressen Seite 192).

WAS HEIL- UND NATURKOSMETIK AUSZEICHNET

AUF NATÜRLICHE QUALITÄT ACHTEN

Naturkosmetik ist dann ein ehrliches Produkt, wenn *ausschließlich* Natur enthalten ist – nicht aber, wenn *unter anderem auch* Natur enthalten ist. Viele Produkte vermitteln nach außen Natürlichkeit oder Reinheit, enthalten aber vorwiegend billige, wirtschaftlich einfach zu handhabende, künstlich hergestellte oder standardisierte Inhaltsstoffe.

Qualitativ hochwertige Heil- und Naturkosmetik greift ohne Kompromisse auf nachwachsende und naturreine Rohstoffe zurück, größtenteils aus kontrolliert biologischem Anbau (kbA) oder aus Wildsammlung. Verwendet werden natürliche Emulgatoren wie rückfettendes Lecithin und pestizidfreies Lanolin. Die Basis-Öle stammen aus erster Kaltpressung und besitzen somit ausgezeichnete hautnäh-

Frische Pflanzen besitzen lebendige Kraft und sind meist wirkungsvoller als getrocknete.

rende Eigenschaften und einen natürlichen Gehalt an Vitaminen und Mineralstoffen. Eine streichfähige Konsistenz gewährleisten ungebleichtes Bienenwachs, Karitee-, Kakao-Butter für vegane Varianten oder Lanolin, das Wollfett vom lebendigen Schaf (nach der Schur aus der Wolle extrahiert). Diese natürlichen Rohstoffe ähneln dem menschlichen Hautfett und können daher leicht aufgenommen werden. Im Gegensatz dazu verbleiben undurchlässige Öle auf Paraffin-Basis auf der Oberhaut, trocknen die Unterhaut aus und begünstigen oftmals Allergien. Um die Produkte haltbar zu machen und zu konservieren, gibt es verschiedene Möglichkeiten: gut geeignet sind natürliches Vitamin E für Basis-Öle, daneben auch Propolis (das Kittharz der Bienen), ein Extrakt aus Grapefruit-Kernen sowie reine ätherische Öle.

Pflanzen selbst zu kultivieren verbindet mit den Kräften der Natur.

Echte und ehrliche Heil- und Naturkosmetik ist ethisch und ökologisch vertretbar. Das betrifft nicht zuletzt auch die Verpackung, die Vermarktung und das gesamte Firmenkonzept. Sie verspricht keine kosmetischen Wunder, sondern unterstützt die gesunde wie die gestresste und erkrankte Haut individuell und nachhaltig. Sie setzt neben frischen oder getrockneten Heilpflanzen auch pulverisierte Pflanzen, Harze, Minerale und Erden wie Lava-Erde oder Heil-Erde ein. Auch energetisch potenzierte Kräfte im Sinn feinstofflicher Essenzen, die im Einvernehmen mit dem Pflanzenwesen hergestellt wurden, ergeben Produkte, die uns ganzheitlich begleiten können.

AUF INHALT UND PRODUKTION ACHTEN

Am besten wirken kraftvolle und ursprüngliche Frischpflanzen aus der Region, wenn auch manchmal Trockenextrakte durchaus sinnvoll sind. Viele große Firmen können sich den Aufwand, frische Pflanzen zu verwenden, nicht leisten, da Auszüge sehr empfindlich und nur kleine Chargen möglich sind. Vertragsanbau mit Billiglohnländern ist die Regel. Das nachhaltige Prinzip der Regionalität bleibt bei Kosmetik oft unbeachtet: Es braucht keine exotische Pflanze, für die unter Umständen z.B. kostbarer Regenwald abgeholzt wird, wenn die heimische Brennnessel oder Ringelblume ebenso wirksam sind.

DAS IST HEILKOSMETIK

Bei der Herstellung von **Heilkosmetik** geht die Auswahl der Roh- und Wirkstoffe über die Naturkosmetik hinaus. Heilkosmetik dient in erster Linie der Heilung der Haut – die als emotionale Schutzschicht auch unseren feinstofflichen Körper, unser Kraftfeld, unsere Integrität bewahrt und regeneriert. In der heilkosmetischen Arbeit integrieren wir die lebendige Kraft frischer und vitaler Pflanzen und ergänzen diese mit feinstofflichen Essenzen und hochwertigen ätherischen Ölen. Die Haltung ist eine ganzheitliche, geprägt von Hingabe an das Pflanzenwesen.

Da die moderne **Naturkosmetik**-Produktion wirtschaftlichen Faktoren unterliegt, arbeitet sie in den meisten Fällen nicht vergleichbar hochwertig und handwerklich. Mit Interesse, etwas Zeit und Muse können wir das zu Hause aber sehr gut leisten. Vor allem, wenn wir mit dem Jahreslauf leben und die Kräfte der Natur in unserem Leben einen festen Platz haben – so wie sie auch ein selbstverständlicher Bestandteil der Ernährung sind.

Die Heilkraft natürlicher Kosmetika kennenlernen – eine Entdeckungsreise …

Schonend getrocknete Kamille bewahrt ihren Duft.

Salben und Cremes ohne Konservierungsstoffe sind empfindlicher und nicht so lange haltbar wie synthetische Produkte. Deshalb sollten naturreine Produkte ohne Konservierungsschutz immer kühl gelagert werden. Es eignet sich bereits ein Fensterbrett in Nordrichtung oder für größere Vorräte der Keller. Im Kühlschrank könnte sich der Öl-Wasser-Komplex trennen. Wichtig ist, extreme Hitze zu vermeiden, da es sonst passieren kann, dass die natürliche Salben- oder Creme-Basis flüssig und schimmelanfälliger wird. Und eine ganz wichtige Regel im Umgang mit Kosmetika ist: Die kostbare Salbe oder Creme stets mit gereinigten Fingern oder einem sauberen Glasspatel entnehmen.

Produkte mit Alkohol an erster Deklarationsstelle sind zwar lagerfähiger, tun aber der Haut langfristig nichts Gutes, da sie sie austrocknen. Steht Wasser an erster Stelle, so ist das Produkt einfach nur billig produziert. Als Ausnahme kann Wasser als Träger für Wirkstoffe sinnvollerweise angesehen werden. Die Inhaltstoffe naturkosmetischer Produkte sind wie bei der konventionellen Kosmetik gemäß Gesetz in Form der *INCI (Internationale Nomenklatur der Inhaltsstoffe)* gelistet. Gewissenhafte und wohlmeinende Produzenten geben zusätzlich die deutsche Bezeichnung mit an, um es Allergikern und interessierten Laien einfacher zu machen.

GRUNDLAGE GUTER HEILKOSMETIK

DIE WICHTIGSTEN ROH- UND WIRKSTOFFE

Jedes kosmetische Produkt setzt sich aus einer Vielzahl von Einzelbestandteilen zusammen – diese ergeben im besten Fall ein harmonisches Ganzes, das für den jeweiligen Hauttyp perfekt geeignet ist. Die individuellen Bedürfnisse der Haut zu unterstützen, ist die Kunst. Je mehr Sie sich mit den Roh- und Wirkstoffen auseinandersetzen und experimentieren, desto sicherer werden Sie dabei.

Das wertvolle Resultat einer echten und achtsamen Auseinandersetzung mit den Kräften der Natur bedeutet auch, wundervolle, heilsame Kosmetika zu kreieren. Was Sie dafür nicht selbst herstellen können, können Sie beim gut sortierten Fachhandel, in einer naturheilkundlich orientierten Apotheke oder im Bioladen beziehen (Seite 192). Kaltgepresste, biologische Basis-Öle für Salben und Cremes schaffen, neben ätherischen Ölen, Destillaten und Hydrolaten (Blütenwässern)

Selbst hergestellte Tinkturen aus Frischpflanzen oder Harzen – echte Heilkosmetik

oder anderen Ausgangsstoffen aus Pflanzen, die Grundlage.

Im Folgenden finden Sie alphabetisch gelistet die wichtigsten Roh- und Ausgangsstoffe und Hinweise zu ihrer Wirkung und zu ihrem Einsatzgebiet. Sie sind das Gerüst für naturreine Kosmetika. Zusätzlich helfen sie, Inhaltsstoffe gekaufter Fertigprodukte einschätzen zu können.

Rohstoffe von hoher Qualität sind bei der Herstellung von Heilkosmetik der entscheidende Faktor.

Alkohol für die Herstellung lange lagerfähiger Auszüge aus Kräutern (siehe Tinkturen ab Seite 62); wirkt konservierend und antiseptisch; in hoher Konzentration und bei sensibler Haut reizend; keinen vergällten Alkohol oder Isopropyl-Alkohol verwenden! Der Alkoholgehalt in selbst bereiteten Produkten lässt sich wieder verdampfen, vgl. "Weingeist".

Aloe vera Liliengewächs mit wundheilender, entzündungshemmender und feuchtigkeitsregulierender Eigenschaft; enthält etwa 160 Inhaltsstoffe wie Vitamine, Mineralstoffe, Fermente, Aminosäuren; besitzt einen natürlichen Lichtschutzfaktor; für jede Haut geeignet; als Gel oder Tinktur zu beziehen; auf unkonservierte Qualität achten

Arnika-Tinktur abschwellend, durchblutungsfördernd (z.B. bei Prellung); im Massage-Öl, zur Fußpflege, als wirkungsvoller Zusatz in einer Lotion für die Behandlung von Rückenschmerzen; sparsam dosieren und immer verdünnen, da sonst Hautreizungen entstehen

Betain HT ein pflanzliches, mildes Tensid aus Fettsäuren von Kokos-Öl mit ca. 30 % waschaktiver Substanz; Achtung: vorwiegend auch als synthetisches Produkt auf dem Markt

Bienenhonig beruhigt nervöse, irritierte Haut, da mild entzündungshemmend; in Cremes eingearbeitet als Feuchthaltemittel; wirkt haarfestigend; als hautpflegender, beruhigender Emulgator im Badewasser; Am besten unterstützen Sie Ihren örtlichen Bio-Imker und damit den für Mensch und Natur so wichtigen Fortbestand der Bienen. Verwenden Sie keinen wertlosen Billighonig aus Industriezucker.

Bienenwachs Konsistenzgeber für Cremes, Salben und Lotionen; stets nur gelbes (ungebleichtes) Bio-Bienenwachs, aber auf keinen Fall Stearin oder Paraffin verwenden

Birken-Extrakt durch Anbohren der Bäume gewonnener Saft; vorwiegend zur Regeneration des Haarbodens geeignet; falls selbst gewonnen, unbedingt nur kleine Mengen pro Baum entnehmen und das Austrittsloch wieder verschließen(!); alternativ sind auch Birken-Auszüge der Blätter als Mazerat oder Tinktur und als wässriger Auszug geeignet

In Form von Tee oder Infus reinigen Birken-Blätter die Haut von innen.

Bolus alba weißer Ton; wirkt absorbierend, in Creme mattierend; als Körperpuder und Maskengrundlage für jede Haut

Carotin-Öl in Pflanzen-Öl gelöstes Karotin (Provitamin A, aus Karotten; wird auch synthetisch angeboten); hautpflegend bei rauer, schuppiger Haut; unterstützt die Wirkung von Lichtschutzfiltern; orange färbend, sehr licht- und oxidationsempfindlich

Cetylalkohol Verwandter des Alkohols (Fett-Alkohol); als Konsistenzgeber verwendet, fördert er die Feinheit von Emulsionen und wirkt gleichzeitig pflegend für Haut und Haar bei Spülungen; Einsatz als veganer Co-Emulgator und Konsistenzgeber in Öl-Phase von Cremes und Emulsionen, aber auch in Haarspülungen; härtet nach, daher sparsamer dosieren als Wachse

Destilliertes Wasser gereinigtes Wasser ohne organische Verbindungen; gewährleistet längere Haltbarkeit; alternativ dazu ist auch durch Umkehr-Osmose gefiltertes Wasser geeignet; Träger für wässrige Kräuter-Auszüge

Efeu-Extrakt adstringierender wässriger oder alkoholischer Auszug aus Efeu-Blättern; gut im Massage-Öl bei Bindegewebeschwäche

Emulgatoren verbinden Öl mit Wasser in Cremes, Salben, Lotionen und Bade-Ölen

- **(Fluid-) Lecithin:** siehe dazu auch unten bei Lecithin; Vorsicht, wird oftmals aus Gen-Soja hergestellt (!); hervorragende Hautverträglichkeit für Bade-Öl zum Verschütteln (muss nicht gekocht werden)
- **Phospholipid:** hautfreundlicher Emulgator aus Raps-, Baumwoll- oder Sojabohnen-Samen; ist auch ein natürlich vorkommender Bestandteil der Zellwände
- **Tegomuls:** Gemisch aus Pflanzen-Ölen mit Zitronensäure; konsistenzbildend, daher gut für Cremes und Salben; bildet im Bade-Öl einen verschüttelbaren Bodensatz; muss erwärmt werden
- **Lanolin:** siehe unten
- **Honig, Sahne, Milch, Meersalz, Pflanzenseife oder biologisches Haar-Shampoo** eignen sich alle zum Emulgieren ätherischer Öle für einen schnellen Badezusatz

Essig Apfel-Essig löst Kalkreste nach der Haarwäsche (1:100 mit Wasser verdünnt) aus dem Haar; auch geeignet, um damit Kräuter-Wirkstoffe auszuziehen (siehe Seite 62); als Badezusatz wirkt er reinigend, hautstraffend, durchblutungsfördernd sowie pH-Wert regulierend; nicht bei offener Haut anwenden

Naturborsten ergänzen die Haarpflege mit naturreinen Kräutern.

Extrakte aus Efeu am besten zukaufen – auch wegen leicht giftiger Inhaltsstoffe

Farnesol natürlicher, blumig duftender Wirkstoff aus verschiedenen ätherischen Ölen; für Deodorants

Glycintensid HT (Disodium Cocoamphodiacetate): mildes Tensid (z. B. Rewoteric) aus Kokosfett und der Aminosäure Glycin, ca. 40 % waschaktive Substanz, verringert Grenzflächenspannung von Kosmetika; verhilft zu einer gleichmäßigen Verteilung, gute Verträglichkeit, verringert das Fliegen der Haare

Grapefruit-Kernextrakt verbessert die Blut-Zirkulation der Haut; wirkt konservierend und antiseptisch; bei unreiner Haut und Pustelbildung

Guarkern-Mehl natürlicher Stoff aus der Guarbohne aus Indien; wirkt leicht stabilisierend und gelbindend; für Shampoos und Lotionen

Gummi Arabicum Verdickungsmittel, auch in Lebensmitteln zulässig (E 414); Gummiabsonderung einer Akazien-Art

Gurken-Extrakt zur Reinigung und Klärung des Hautbildes; gut für Lotionen; vor allem bei unreiner, fettender Haut; Press-Saft aus Gurken eignet sich ebenso als reinigende Lotion

Haarguar HT ein wasserlösliches, kationisches pflanzliches Derivat aus den Samen der Guarkerne *(Cyamopsis tetraglonobula)*; Einsatzgebiet: Haarshampoo, Haarspülung und -kur, Cremes, Gele und Lotionen; mit pflegenden, haut- und haarschützenden Funktionen; stabilisiert durch leicht verdickende Eigenschaften in Duschbad oder Shampoo den Schaum, legt sich dabei als Filmschicht über das einzelne Haar und schützt so vor Austrocknung

Haarsoft HT wasserlöslicher Zucker-Emulgator auf der Basis von Kokos-Öl; mit rückfettenden und schützenden Eigenschaften in Duschbad, Reinigungslotion, Shampoo, Haarspülung und -kur

Hagebuttenkern-Extrakt aus den Samen der Hunds-Rose; sehr hautpflegend, wirkt beruhigend und nährend für die Haut; tonisierend für jeden

Hauttyp, entzündungshemmend, klärend für den Teint; zur Gesichtsmassage geeignet, bei sehr trockener Haut auch gut unter der Creme zu verwenden

Hefe aus Bierhefe gewonnenes Pulver oder flüssige Lösung zur Reinigung des Gesichtes bei eher fettiger, unreiner Haut; wirkt entzündungshemmend; klärend für das gesamte Hautbild und den Teint in Masken und in Reinigungslotionen

Heil-Erde als Packung oder Maske für normale bis unreine, fettende Haut; bei trockener Haut mit Jojoba-Öl oder Wildrosen-Öl anrühren; geeignet ist die braune, vor allem auch die grüne Heil-Erde; als äußerliche Anwendung mit ätherischen Ölen und feinstofflichen Essenzen in Form von Maske und Wickel, aber auch als innerliche Wirkung zur Reinigung des Darmtraktes (bindet Toxine)

Henna neutrales, rot oder schwarz färbendes, pflanzliches Haar-Pflegemittel aus dem Cyperstrauch; pulverisiert als Brei aufzutragen, flüssig als

In der Heilkosmetik kommen die kleinen Samen der Hagebutten zum Einsatz.

Pflegezusatz in Haar-Waschmitteln; schwarzes Henna färbt nur dunkles Haar dunkler, nicht aber blondes Haar schwarz; die Rottöne variieren, daher am besten an einer Strähne ausprobieren; Henna kann auch mit anderen färbenden Pflanzen kombiniert werden, etwa mit Walnuss-Schalen; Tinktur aus dem Pulver

Hirtentäschel-Tinktur adstringierend bei großporiger Haut; im Rasierwasser blutstillend, im Deo desodorierend; aus frischer Pflanze

Hopfen-Extrakt zur Entspannung der Haut wie des Gemütes; als Tee (auch gut bei Schlaflosigkeit), Tinktur oder Öl-Mazerat; wirkt beruhigend und lösend sowie entzündungshemmend

Isländisch Moos bodenbewohnende Flechte mit schleimbildender Eigenschaft; in heißem Wasser gelöst, wird die Substanz nach dem Erkalten fest und kann als Gel-Grundlage für Zahnpasten oder Emulsionen verwendet werden

Kakao-Butter Fett aus den Früchten (Bohnen) des Kakao-Baums; als Konsistenzgeber zur Pflege und zum Aufbau der Haut; allgemein ganz hervorragend verträglich; riecht typisch nach Kakao; Farbe hellgelb; zähe bis feste oder pulverisierte Konsistenz; für jeden Hauttyp, besonders bei trockener und spröder Haut; auch geeignet für Seifen und Körperbutter, Massagebarren und in Badeperlen; auf Bio-Qualität und Fairtrade achten, am besten in Rohstoffqualität

Grüne oder braune Heilerde ist – innerlich wie äußerlich – vielzeitig einsetzbar.

Naturreine Rohstoffe – die Basis für eine wirkungsvolle Heilkosmetik

Kampfer fett- und alkohollösliches Kristall aus dem Holz des Kampferbaumes; wirkt kühlend, schmerzlindernd, durchblutungsfördernd (beispielsweise in Massage- und Erkältungs-Balsam); sparsam dosiert in Gesichts- und Rasierwasser bei unreiner, fettender Haut; auf natürliche Qualität achten, da Kampfer meist synthetisch hergestellt wird; nicht in der Schwangerschaft und bei allergischer, sensibler Haut verwenden, nicht über längere Zeit!

Kiesel-Erde feines Pulver, hautstraffend, Bindegewebe stärkend; verbessert die Hautelastizität; mit natürlichem Lichtschutzfaktor; kann auch als Putzkörper in Zahnputzmitteln eingesetzt werden; zur inneren Einnahme geeignet; wirkt in Puder und Creme mattierend; gutes Trocknungsmittel, auch in Badepulver: saugt Feuchtigkeit auf, bindet sie und hält Pulver rieselfähig; natürliches Vorkommen im Acker-Schachtelhalm

Kokosglucosid (Decyl Glucoside): ökologisch vertretbares Tensid aus Alkylpolyglucosiden auf der Basis von Kokos-Öl und Glucose, mit verdickender Funktion; Ablagerungen sind möglich, einfach verschütteln
Kollagen-Tensid natürlich, wird aus der gut verträglichen Kokosfett-Säure gewonnen; pH-Wert von 7; als basisches Tensid mit Apfel-Essig oder Zitronensaft mischen, um den pH-Wert etwas zu senken; kein Material aus Schlachtabfällen verwenden

Lanolin aus dem gereinigten Wollfett der Schafe; zäh und fettig; Konsistenzgeber für Cremes, Salben und Lotionen; auf pestizidfreie, wasserfreie (Lanolin anhydrid) Qualität achten; sehr gut verträglich,

Natur pur: Shea-Butter, Lanolin, Kakao-Butter, Cetylalkohol, Olivenstein-Granulat, Bienenwachs

wird von der Haut gut absorbiert, da dem Hautfett ähnlich; die emulgierenden Eigenschaften sind wesentlich für Cremes und Salben, sowie in Körper-Lotionen; sinnvoll bei trockener, schuppiger und reifer, nicht geeignet bei unreiner und großporiger Haut; Einsatzmenge 1–15 Prozent; gehärtetes Lanolin wurde chemisch verändert, wird daher in der echten Naturkosmetik nicht verwendet. Eine Lanolinunverträglichkeit kann im Übrigen aufgrund der Pestizide in minderwertiger Qualität entstehen, weshalb eine hochwertige Bio Qualität unabdingbar ist

Lava-Erde reinigendes Tonmineral (Tonerde) mit verseifbarer Grundlage für jede Haut, daher zur Körper- und Haarwäsche und als Zusatz in Peelings; nicht schaumbildend; die klassische Löschblatt-Funktion mattiert das Hautbild fettiger Haut; reinigt die Haut sehr sanft, aber gründlich; daher optimal bei unreiner, aber empfindlicher Haut; in Wasser verdünnt auch als Haarwaschmittel geeignet: dazu 1–3 EL in einem Glas Wasser verschütteln und wie Shampoo verwenden

Lecithin in Pflanzen-Ölen und Nahrungsmitteln vorkommender Bestandteil mit emulgierender Eigenschaft; Bade-Öle auf Lecithin-Basis können einfach verschüttelt werden; hautpflegend, glättet die Hautoberfläche, vor allem bei trockener, spröder Haut, da es Wasser zu binden vermag, aber Schaumbildung verhütet, vgl. "Emulgatoren"

Mais-Stärke als Pudergrundlage zu verwendende Stärke; stabilisiert Cremes, Gele und Lotionen; wirkt in Cremes mattierend; an Kiesel-Erde als Grundlage für Deo-Pulver und Körperpuder

Mandel-Kleie, Mandel-Mehl entsteht als Rückstand bei der Pressung des süßen Mandel-Öles; reichhaltiges Reinigungsmittel in Wasch-Cremes und Peelings

Mango-Butter festes Fett aus der Mango-Frucht; pflegend für jede Haut; eignet sich im Massagebarren, in der Lippenpflege oder für eine reichhaltige Handcreme, veganer Konsistenzbildner

Lanolin ist Konsistenzgeber und Emulgator zugleich.

Meersalz / Ursalz / Salz aus dem Toten Meer / Himalaya-Kristallsalz / Halit enthalten Mineralien und Spurenelemente wie Kalium, Natrium, Magnesium, Kalzium; die Salze regulieren den Wasserhaushalt des Körpers, verringern Cholesterin-Ablagerungen in den Gefäßen, fördern die Entgiftung über die Haut; wirken reinigend, entzündungshemmend, desinfizierend und als Badezusatz durchblutend; für jeden Hauttyp; Salz aus dem Toten Meer reguliert die Selbstheilungsfähigkeit der Haut und der Haarwurzeln; das Himalaya-Kristallsalz ist meist rosafarben und besonders unbelastet; Halit ist weiß, auch aus heimischen Bergwerken zu bekommen und kristallin würfelförmig; die Salzarten können untereinander kombiniert werden; alle Sorten wirken energetisch stark reinigend

Menthol Kristall aus mentholhaltiger Pfeffer-Minze; erfrischend, durchblutend und erwärmend im Massage-Öl und -Balsam; kühlend im Rasierwasser;

sehr sparsam dosieren; auf natürliche Qualität achten, da meist synthetisch hergestellt; nicht in der Schwangerschaft, für Kinder und bei sensibler Hautreaktion!

Olivenstein dient als natürliches Abrasiv in Peeling.

Milchprotein in Gesichtsmasken, Cremes bei eher alternder Haut und Haarpflege-Produkten sowie in Badebomben oder Badesäckchen

Olivenstein / Mandelkern-Abrasiv aus gemahlenen Oliven-Kernen (an Mandel-Kernen) gewonnenes Peeling-Granulat mit hautreinigender und durchblutungsfördernder Wirkung; kann in jedes Duschgel oder auf Seife gegeben oder aber pur verwendet werden; für die Anwendung im Gesicht zu stark

Panthenol sofern natürlich aus Reis-Kleie gewonnen ein geeigneter Stoff zur Heilung bei spröder, rissiger Haut; mit reizlindernder und entzündungshemmender Eigenschaft; Vorstufe der Panthotensäure

Propolis Kittharz und natürliches Antibiotikum der Bienen mit heilsamer Wirkung bei verschiedenen Hautleiden und unreiner Haut sowie zur Wundbehandlung; in Cremes und Salben als natürliches Konservierungsmittel; pulverisiert, als hochprozentige Tinktur oder als reine Propolis-Salbe

Rotbuchen-Blätter als Tinktur oder Infus äußerlich bei Couperose (erweiterte Äderchen), adstringierend; als Zusatz in der Gesichtspflege oder in der Beinpflege bei Besenreisern

Rotes Weinlaub als Auszug zusammenziehend und die Gefäßwände stabilisierend; hervorragend zur Beinpflege geeignet

Schlämmkreide reinigende, abschürfende Wirkung; im Zahnputzmittel als Pulver oder Paste in sinnvollen Kombinationen

Seifenkraut aus der getrockneten Wurzel lassen sich durch Auskochen milde Reinigungsprodukte gewinnen; Basis für Reinigungslotionen und die Haarpflege; auch pulverisiert aus getrockneter und gemahlener Wurzel anwendbar; einfach selbst herzustellen

Shea-Butter natürliches Fett aus der in Afrika wachsenden Sheanuss *(Vitellaria paradoxa);* dem Hautfett ähnlich, daher ein sehr gut verträglicher Weichmacher durch natürliches Allantoin (auch im Beinwell enthalten); entzündungshemmend; enthält Vitamin E und Carotin; Grundlage für edle Cremes und Salben; geeignet für die Seifen-Herstellung und für Körperbutter, Massagebarren sowie in Badeperlen

Sonnenhut-Extrakt die Abwehrkräfte stärkender Extrakt aus der Pflanze *Echinacea purpurea*; als Tinktur, wässriger Extrakt oder Öl-Mazerat; der Rohstoff wird vornehmlich aus den Wurzeln, seltener aus den Blüten gewonnen

Steinklee-Kraut als Tinktur adstringierend und gewebefestigend; bei Couperose einer der besten Wirkstoffe überhaupt; auch als ätherisches Öl

Sonnenhut-Extrakt wird meist aus den Wurzeln, manchmal auch aus den Blüten hergestellt.

Süßholz-Extrakt angenehmer Lakritze-Geschmack in Zahnputzmitteln; wirkt zudem entzündungshemmend; Süßholz kann auch als ganze Stange gekaut werden, nicht überdosieren (Kaliumräuber)

Talkum Mehl aus Speckstein; Pudergrundlage mit desodorierender sowie entzündungshemmender Eigenschaft; auch als Deo-Puder

Vitamin E / Tocopherol im Idealfall aus Pflanzen-Ölen wie Weizenkeim-Öl; auf natürliche Qualität achten, da auch synthetisch hergestellte Versionen im Handel sind; verlängert als natürliches Antioxidantium die Haltbarkeit der Basis- und Träger-Öle; neutralisiert freie Radikale, daher auch für die Pflege reiferer oder spröder, wunder Haut

Waschnuss Frucht von *Sapindus trifolatus*; daraus gewonnener wässriger Auszug mit natürlich reinigenden Eigenschaften für Haut und Haar; auch für die Kleiderwäsche geeignet; biologisch abbaubar, mehrfach verwendbar

Hydrolate sind Destillate, die zahlreiche wasserlösliche Wirkstoffe enthalten.

Weingeist hochprozentiger Alkohol für das Ausziehen von Pflanzenwirkstoffen; auch zur Parfümherstellung geeignet; löst selbst harzige Rohstoffe; bei innerer Anwendung als Tinktur unbedingt rückverdünnen; oder unvergällten Alkohol als Auszugsmittel für Frischpflanzen und Harze verwenden

Weizenkleie lindert Hautreizungen, glättet und schützt die Haut; ist vitamin- und mineralstoffreich; als Badezusatz (in einem Baumwollbeutelchen ins Wasser gehängt) oder als milder Zusatz in Peeling und Waschcreme für jede empfindliche Haut; als Baby-Bad geeignet

Weizenprotein feuchtigkeitsbewahrender und -spendender Wirkstoff zur Pflege der Haare; verbessert die Kämmbarkeit und wirkt zudem schützend

Xanthan bakteriologisch hergestellte Polysaccharide (Polyzucker), die in Verbindung mit Wasser schleimbildend reagieren; daher Gel-Binder und Stabilisator für Zahncremes, Emulsionen und Lotionen; reagiert sehr unterschiedlich, deshalb vorsichtig herantasten und prüfen, wie stark die vorliegende Masse ausdickt, bevor sie schnittfest wird

Xyliance natürlicher, nichtionischer Emulgator für O/W-Emulsionen mit guter Stabilität aus hydrolysiertem Weizenstroh und Kokos-Öl; vermittelt ein weiches Hautgefühl. Ein veganer Konsistenzbildner.

Yucca-Extrakt natürlicher Schaumbildner in Sham-poos und Zahnpasten; mild reinigend; als Pulver erhältlich, das luftdicht gelagert werden sollte, da es Feuchtigkeit anzieht; das Pulver in die Wasserphase einarbeiten und gegebenenfalls mit Seifenkraut-Wurzel kombinieren

Zitronen-Säure, -Saft zur Regulation des pH-Wertes; in Shampoo, auch in Peeling-Cremes und in Körperpflege-Produkten bei mangelnder Durchblutung sowie Bindegewebsschwäche; meist synthetisch hergestellt, daher am besten frischen Press-Saft verwenden; auch geeignet, es bei unreiner und fettiger Haut dem Rasierwasser zuzugeben

Tenside vorsichtig verrühren, damit sie nicht zu stark schäumen

Zucker-Tensid (Lauryl Glucoside) als mildes und sehr gut verträgliches, anionisches Tensid; reinigend für Haut und Haare; mild schäumend und einfach in der Handhabung; ist relativ flüssig, kann daher gut mit anderen Tensiden gemischt oder mit Xanthan oder Guarkernmehl in der Wasserphase angedickt werden

Zucker-Tensid (Sucrose Cocoate) ein aus Kokosfett-Säure und Zucker gewonnener, zäher, aber sehr milder, reinigender Emulgator, der gerne in andere Emulgatoren eingerührt wird; er ist auch für sehr empfindliche Haut sowie für die Gesichtsreinigung geeignet

DIE BASIS-ÖLE

Achten Sie beim Kauf immer auf erste kaltgepresste Qualität aus Bio-Anbau. Als kaltgepresst werden auch Öle verkauft, bei denen die Maschine zur Pressung bis zu 180°C erreichte. Solche Öle sind zwar etwas teurer, aber deutlich wirkungsvoller. Basis-Öle bestimmen die Wirkrichtung einer Salbe, Creme oder Lotion. Auch wenn Frischpflanzen in einem Öl als Mazerat ausgezogen werden, spielt es eine Rolle, welches Öl Sie verwenden. Aufgenommen sind auch seltener verwendete Öle, damit Sie bei Bedarf und Interesse Ihr Repertoire vergrößern. Gerade bei exotischen Ölen bitte auf Bio-Qualität und die Herkunft (am besten von Kleinbauern und aus dem Fairtrade-Handel) achten und gegebenenfalls beim Händler nachfragen.

Das Öl wird beim Borretsch aus den Samen gewonnen.

Argan zaubert samtweiche Haut; hochwertiges Öl (kein geröstetes verwenden) mit typischem Eigenaroma aus der Nuss von *Argania spinosa*, einem Baum aus dem südwestlichen Marokko; wirkt nährend, aufbauend und schützend; ist für jeden Hauttyp sowie zur Gesichtsmassage ausgezeichnet geeignet; von den Einheimischen wird Argan *Baum des Lebens* genannt; die Unesco hat das Anbaugebiet zu einem Biosphärenreservat ernannt; das Öl wird oft in Kooperation mit Frauenprojekten gewonnen, daher lohnt es sich, auf sozialen Fair-Kauf zu achten

Avocado sehr reichhaltiges, nährendes und aufbauendes Öl aus den Früchten (Beeren) von *Persea gratissima*; bei sehr trockener Haut und sprödem Haar als Öl-Haarkur vor der Haarwäsche; glättet Trockenheitsfältchen, besänftigt spröde und rissige Haut; die naturbelassene Qualität ist von grüner Farbe; auch unter der Creme zu verwenden

Aprikose mildes, wertvolles Hautpflege-Öl aus den Steinfrüchten („Kernen") von *Prunus armeniaca*, für trockene, alternde, nervöse Haut und zur Kinderpflege; es wirkt leicht gewebefestigend,

kann auch gut zur Augenpflege und als effektives Abschmink-Öl verwendet werden

Kokos-, Erdnuss-, Soja-, Mandel-, Oliven- und Sonnenblumen-Öl sowie Mazerat aus Ringelblume und Johanniskraut

Borretsch besonders hautpflegendes Wirkstoff- Öl aus den Samen der hübschen Borretschpflanze *Borago officinalis*; adstringierend, entzündungshemmend, ableitend, daher eher bei unreiner, fettiger, aber anspruchsvoller Haut; auch bei Juckreiz und allergischen Reaktionen mit Rötungen; im Borretsch-Samen finden sich cortisonartig wirkende Inhaltsstoffe, die die Haut beruhigen und Juckreiz lindern

Distel vitaminreiches Öl aus den Samen der Färberdistel *Carthamus tinctorius*; eignet sich für Gesichts-, Hand- und Fuß-Creme bei trockener, müder und spröder Haut sowie bei unreiner und fettiger Haut; fördert die Geschmeidigkeit und strafft die Haut auch in ölhaltigen Gesichtsmasken; zur Reinigung unreiner Haut sehr sinnvoll

Erdnuss Öl von *Arachis hypogaea* mit einem Lichtschutzfaktor zwischen 3 und 6 sowie langer Haltbarkeit und hohem Rauchpunkt; kann daher für eine Massage gut erwärmt werden; schöne Gleitfähigkeit; verbleibt relativ lange auf der Haut, obwohl es dünnflüssig ist

Naturreine Rohstoffe aus Bio-Anbau garantieren eine hochwertige Qualität.

Jojoba hervorragendes Pflege-Öl von *Simmondsia chinensis* mit natürlichem Lichtschutzfaktor zwischen 3 und 6; duftneutral und daher ein zurückhaltendes Träger-Öl für zarte und kostbare ätherische Öle; sehr mild und verträglich für jeden Hauttyp, vor allem für trockene, anspruchsvolle und spröde Haut und trockenes Haar; regeneriert und verfeinert das Hautbild, da es die Elastizität der Haut unterstützt; sehr lange haltbar, da es ein pflanzliches Wachs ist; schmilzt bei etwa 10° C, ist aus frischer Pressung bis zu fünf Jahre haltbar; Körperpackungen nach Peeling und Sauna auf dieser Basis zaubern eine glatte Haut

Kokos fein duftendes Öl der Palme *Cocos nucifera*; pflegt vor allem trockene Haut und spröde Haarspitzen, besitzt einen natürlichen Lichtschutzfaktor, etwa bei 3 oder 4; in Indien ist Kokos-Öl das meist genutzte Haar-Öl; es kann aushärten, so dass es im Winter unter Umständen kurz auf eine Wärmequelle gegeben werden muss; auch zur Seifen-Siederei geeignet; das weiße Kokos-Fett bei spröden Lippen und zur Pflege der Haare verwenden; kann z.T. kamidogen wirken (Pustel-Wachstum fördern)

Macadamianuss dem Hautfett ähnlich; reichhaltiges, aber dennoch leicht zu verarbeitendes Pflege-Öl aus den Nüssen von *Macadamia integrifolia*, Australien; vor allem für trockene, spröde und müde Haut, aber auch für alle anderen Hauttypen gut verträglich und regenerierend; die glättende Wirkung macht sich gerade bei anspruchsvoller Haut in der Gesichtsmassage bemerkbar; nährt als Packung, fördert die Haut-Elastizität durch Palmitolein; wunderbare Massageöl-Grundlage

Mandel hervorragend verträgliches Gesichts- und Körperpflege-Öl des Baumes *Prunus dulcis*; für jeden Hauttyp; auch bei allergischen Reaktionen und zur Säuglingspflege; auf gute, kalt gepresste Qualität aus Bio-Anbau achten, da die konventionelle und ergiebigere Warmpressung vermehrt Allergien verursacht; duftneutral, daher ein guter Träger für feine Düfte wie kostbare ätherische Öle, feinstoffliche Essenzen oder feine Blüten-Mazerate von Duftpflanzen; dafür bei Bedarf mehrmals sättigen, indem die Blüten im Auszug jede Woche erneuert werden, bis das Öl zu duften beginnt

Liebevolle Massagen mit wertvollen Ölen schützen die Haut und nähren die Seele.

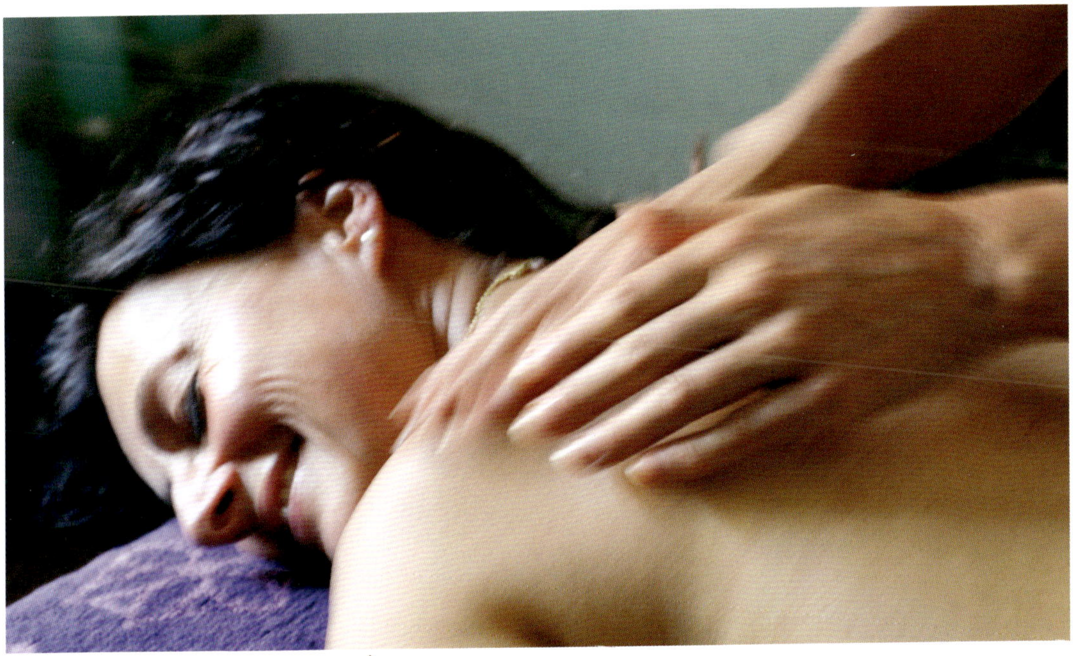

Nachtkerze sehr reichhaltiges, hochwertiges Pflege-Öl aus den Samen von *Oenothera biennis*; mit bis zu 80 Prozent essenziellen Fettsäuren sowie der seltenen Gamma-Linolensäure; verbessert die Flexibilität müder, gestauter Haut und dient als schützender Zusatz bei anspruchsvoller und trockener Haut sowie bei Neurodermitis; zur Pflege und Vorbeugung von Schwangerschaftsstreifen; für die Lymphdrainage ein hervorragendes Massage-Öl, da der Lymphfluss angeregt wird; wenngleich das Öl nicht ganz billig ist, sollte man sich wenigstens hin und wieder eine Ganzkörperpflege damit gönnen

Neem aus dem burmesischen oder indischen Baum *Azadirachta indica* gewonnen; festes Öl mit über hundert verschiedenen Inhaltsstoffen; sehr ergiebig; entzündungshemmend, adstringierend, wundheilend, lindert Juckreiz und manche allergische Reaktion; eignet sich in Gesichts- und Rasierwasser und nach indischer Tradition sogar in Zahncreme; als Zusatz für Massage-Öl bei körperlichen Leiden; bei Schuppen der Haarpflege zugeben, sowie bei Läuse-Epidemien in Schule und Kindergarten; der

Die behutsame Ernte ist die Voraussetzung für kraftvolle Rohstoffe.

Sanddorn-Öl wirkt natürlich tönend und gleicht kleine Unebenheiten im Hautbild aus.

strenge Geruch vertreibt Ungeziefer, auch Läuse oder Milben von Zimmerpflanzen oder Tieren (emulgieren und auf Pflanzen oder Tierkäfige sprühen); Vorsicht: oftmals verfälschte, schlechte Qualität im Handel

Olive vom Ölbaum *Olea europaea*; enthält Öl-, Linol- und Palmitaten-Säure und besitzt damit eine rundum hervorragende Hautverträglichkeit für jeden Hauttyp; dringt gut in die Haut ein, wirkt mild entzündungshemmend und wundheilend, pflegt und nährt die Haut und das Haar; fördert die Elastizität der Haut und unterstützt das Bindegewebe; sehr guter Träger für Mazerate und frische Auszüge aus Küchenkräutern in Öl; stets beste Bio-Kaltpressung verwenden (Rohkostqualität)

Pfirsich mildes, gut verträgliches Öl aus den Steinfrüchten („Kernen") von *Prunus persica*; wie Aprikosenkern-Öl einsetzbar

Sanddorn tieforangenes Öl zur Regulation und natürlichen Tönung der Haut von *Hippophaë rhamnoides*; wundervoll glättend durch Palmitolein-Säure und Carotin; kann stark in Jojoba- oder Mandel-Öl verdünnt werden: 10–20 Tropfen (je nach Hauttyp) auf 100 ml bei ungestreckter Qualität; durch die hervorragenden Pflegeeigenschaften sehr geeignet bei gestresster, sensibler und trockener Haut, auch bei anspruchsvoller, älterer Haut; ab und zu als Körperpackung empfehlenswert

Schwarzkümmel unbedingt auf kaltgepresste Qualität der Samen von *Nigella sativa* achten; bei unreiner Haut auch als Maskengrundlage (in grüner Heil-Erde); auch bei Bindegewebsschwäche als Zusatz für ein Massage-Öl sinnvoll; enthält über hundert verschiedene Wirkstoffe im natürlichen Komplex; innerlich zur Darmsanierung durch die antibakteriellen Eigenschaften bei unreiner Haut hilfreich (6 Tr. 3 x tgl.)

Sesam zur Hautpflege das kaltgepresste Öl von *Sesamum indicum*; Heil-Öl mit hautreinigender, entgiftender Eigenschaft; reinigendes und entstauendes Basis-Öl für jeden Hauttyp mit natürlichem Lichtschutzfaktor bei 3 oder 4; zur Gesichtsmassage bei unreiner und gestauter Haut sowie bei Couperose; wichtigstes Öl in der Ayurveda für die Auskochung von Kräuterextrakten

Senf adstringierendes Öl der Samen von *Sinapis arvensis*; bei fettiger, großporiger, unreiner und gestauter Haut; vereinzelt auch als belebende Komponente in Kosmetika für reifere Haut zur Straffung; als Körperpackung bei Cellulitis; sparsam anwenden, also nicht pur

Bio-Öl aus der Sonnenblume ist ein preiswertes Küchen- und Pflege-Öl.

Soja Öl von *Glycine hispida*; eine die Haut nährende Grundlage für eigene Mischungen, von hervorragender Verträglichkeit; auf biologischen und gentechnikfreiem Anbau achten, dann ist dieses lecithin- und vitaminreiche (Vitamin E) Öl ideal; fördert die Elastizität, macht die Hautoberfläche geschmeidig, beruhigt nervöse Haut, bindet Feuchtigkeit bei trockener und reifer Haut; eignet sich als Basis für Bade- wie Massage-Öle und Handcreme

Sonnenblume aus den Samen von *Helianthus annuus*; reich an ungesättigten Fettsäuren, besitzt daher eine gute Hautverträglichkeit; mild entzündungshemmend; kann als leichtes Träger-Öl bei fettiger, unreiner Haut verwendet werden, auch in Bade- und Massage-Ölen; ein Nachteil ist die kurze Haltbarkeit

Traubenkerne leichtes Massage-Öl, als Zusatz in Lotionen mit reinigender Wirkung; wird aus den Samen verschiedener Sorten von *Vitis vinifera* gewonnen, was den unterschiedlichen Geschmack und Geruch der Öle mit sich bringt

Walnuss aus den Nüssen (Schale) von *Juglans regia*; nährend und aufbauend bei reiferer und trockener Haut; die enthaltene Linolsäure unterstützt die Regeneration rissiger Haut; geeignet auch als Haar-Öl bei sprödem und störrischem Haar; als Mazerat können die Walnuss-Schalen am besten in Oliven-Öl angesetzt werden, um auf diese Weise dunklem Haar Glanz zu verleihen

Das Öl aus den Samen der Wildrose ist reichhaltig und nährend für anspruchsvolle Haut.

Weizenkeime sehr reichhaltiges, nährendes Öl von *Triticum vulgare* mit Beta-Carotin und einem großen Anteil von natürlichem Vitamin E; pflegt anspruchsvolle, trockene, spröde, bedürftige Haut und fördert ihre Spannkraft und Elastizität; ist daher auch in der Schwangerschaft ein sehr gutes Mittel für die Hautpflege, gerade für den Brust- und Bauchbereich; kann auch als Dammschutz eingesetzt werden; verbessert die Struktur der Haut; gut für die Pflege störrischer, spröder und beanspruchter Haare; auch geeignet in der Augenpflege als Zutat einer Creme; für die Gesichtsmassage sehr angenehm; das goldene Öl tönt leicht und reguliert damit auch optisch den Teint

Wildrose wird vorwiegend aus den Samen der Hagebutten-Früchte von *Rosa mosqueta* gewonnen; reich an mehrfach ungesättigten Fettsäuren; etwas besonderes, da überaus pflegend, schützend und regenerierend; ein Fest für jede Haut, aufbauend und regenerativ, dabei so zart und nährend wie ein Balsam; als Kur-Öl für das feuchtigkeitsarme Gesicht, die weibliche Brust und den Hals; bei sehr trockener, spröder und schuppiger Haut als Öl für das Gesicht; auch unter der Gesichtscreme sinnvoll; geeignet als Basis für eine hochwertige Lippenpflege; schönes, tönendes Öl für eine Gesichtsmaske gerade bei sehr trockener Haut und traumhaft für eine Massage des Gesichtes; als Pflege-Öl der Scheide bei wechseljahrsbedingter Trockenheit und des Dammes vor der Geburt; die Blüten von Wild- und Duftrosen beruhigen und entspannen als Mazerat die Haut; das Mazerat ist gut auf Basis des Samen-Öls herzustellen

HEILKOSMETIK SELBER MACHEN

VERANTWORTUNGSVOLL UND GANZHEITLICH ARBEITEN

Mit den Kräften der Natur umzugehen, heißt den Heilpflanzen um uns herum achtsam und respektvoll zu begegnen. Pflanzen zu verwenden, die unter Artenschutz stehen, ist ein selbstverständliches Tabu. Wichtig ist auch, nur solche Pflanzen zu sammeln, die wir gut kennen. Das Risiko, bei Unsicherheit eine Giftpflanze zu erwischen, sollten wir nicht eingehen. Zu erkennen, worin die eigenen Fähigkeiten liegen, ist eine Kunst. Eine ebensolche Kunst ist aber auch, zu sehen, was man nicht kann. Eine gute Selbsteinschätzung ist ein Zeichen von Wachheit und Präsenz. Bei Zweifelsfällen gibt es ja auch immer die Möglichkeit, sich Unterstützung bei einem Spezialisten zu holen, der uns berät, oder einen fundierten Kräuterkurs zu besuchen. Bevorzugte Materialien für benötigte Utensilien sind Glas und Holz, da Kräuter und Metall auf ungewünschte Weise miteinander reagieren können.

Bei schwerwiegenden allergischen und gesundheitlichen Problemen ist anzuraten, sich Hilfe bei erfahrenen Allergologen, Umweltmedizinern oder Heilpraktikern zu suchen. Hochwertige Heilkosmetik kann eine Heilung des Hautbildes anregen, gerade wenn ernährungsphysiologische und seelische Aspekte mit ins Blickfeld geraten. Auch die Kombination mit Psychotherapie, naturheilkundlich orientierter Physiotherapie, Massage, Osteopathie, Schulmedizin, Yoga, Eurythmie oder anderen Körperübungen kann sinnvoll sein.

SALBEN UND BALSAME – EINFACH HERZUSTELLEN

Salben lassen sich leicht zubereiten. Es gibt ein einfaches Grundrezept, das Sie dann jeweils nach Ihren individuellen Ansprüchen variieren können. Eine Salbe wird am sinnvollsten eingesetzt, wenn ein bestimmter Inhaltsstoff lange auf der Haut verbleiben soll, um kontinuierlich einzuwirken. Da der wässrige Anteil sehr gering ist oder ganz fehlt, ist sie etwa ein bis zwei Jahre haltbar. Wenn Sie natürliches Vita-

Heilpflanzen für den späteren Gebrauch in einem dunklen und gut durchlüfteten Raum trocknen

min E (Tocopherol aus Weizenkeim) oder desinfizierende, ätherische Öle hinzugeben, hält sie noch etwas länger , je nach MHD des Basisöles.

Geeignet sind die ätherischen Öle von Benzoe, Cajeput, Niaouli, Thymian, Zitrone, Salbei, Teebaum, Palmarosa, Ylang-Ylang und Rose – je nachdem, welche Wirkung Sie erreichen wollen. Prinzipiell wirken alle ätherischen Öle etwas desinfizierend. Alternativ können Sie auch einige Tropfen Propolis-Tinktur, etwas Propolis-Pulver oder auch Grapefruit-Kernextrakt (nicht bei neurodermitischer Haut) verwenden.

Das **Fertigen einer Salbe** ist eine heilige Kunst. Nicht immer gelingt es auf Anhieb. Ganz wichtig dabei ist, bereits im Vorfeld ein Gefühl für die Bedeutung und Wirkung der einzelnen Rohstoffe zu entwickeln. Das gilt vor allem für das verwendete Heilkraut, dessen liebende Unterstützung Sie sich immer erbitten. Arbeiten Sie stets in innerer Ruhe und mit dem ganzen Bewusstsein, um all Ihre Liebe zur Pflanzenwelt, zu dieser schönen Arbeit und zu den Mitmenschen, um positive Wünsche einfließen zu lassen. Auch wenn es für manch einen vielleicht eine ungewöhnliche Vorstellung ist: Es ist für die Wirkkraft der Salbe von großer Bedeutung, wenn man hingebungsvoll am Werk ist. So arbeiten Kräuterkundige wie auch die tibetischen Mönche, die ganz meditativ ihre heilkräftigen Räucherstäbchen rollen. Auch bei den Heilkundigen der Urvölker ist diese innere Haltung selbstverständlich. Denn nichts bleibt ohne Resonanz.

Als erstes ist es wichtig, Sie alle **Utensilien** wie Glasgefäße, Töpfe, Löffel oder Glasstäbe zum Rühren sterilisieren. Es eignen sich weite Bechergläser, die Hitze standhalten. Sie können sie im Laborbedarf oder im Fachhandel (Seite 192) kaufen. Feuerfeste Utensilien können Sie problemlos im Backofen sterilisieren. Dazu die Gläser, Tiegelchen oder Glasspatel in den zunächst noch kalten Ofen geben und auf 180° C schalten. Dort das Material etwa 20–30 Minuten belassen. Nach dem Ausschalten den Backofen abkühlen lassen, ohne die Türe zu öffnen.

Alle Gerätschaften, die Sie nicht erhitzen können – wie Rühraufsätze mit Plastikgriffen – können Sie mit einem mindestens 70%-igen Alkohol abreiben. Bewährt hat sich das Besprühen mit dem Alkohol durch einen Zerstäuber. So können Sie auch effektiv die Plastikdeckel von Gläsern und Tiegeln desinfizieren. Die richtige Vorbereitung ist von größter Bedeutung für die Haltbarkeit der fertigen Salbe. Achten Sie bei den **Rohstoffen** auf absolute Naturreinheit. Verwenden Sie also beispielsweise gelbes Bio-Bienenwachs statt gebleichtem – und pestizidfreies, reines Lanolin, das nicht mit Paraffin versetzt wurde. Wenn Sie Pflanzenextrakte zukaufen müssen, sind auch diese selbstverständlich unkonserviert.

Feuerfeste Bechergläser sind unverzichtbare Utensilien beim Selbermachen von Kosmetika.

Um einer Salbe auf Öl-Basis eine Konsistenz zu geben, können Sie Bienenwachs oder Lanolin nehmen. Auch die Kombination aus beiden Konsistenzgebern funktioniert gut. So erhalten Sie eine lange einwirkende Salbe und nutzen die natürliche, emulgierende Eigenschaft des Lanolins. Der Vorteil von Lanolin ist, dass es als wasserfreies Produkt (als Anhydrid) bis zu 300-fach sein Eigengewicht an Wasser aufnehmen und somit ausgezeichnet binden kann. Außerdem ist es dem menschlichen Hautfett sehr ähnlich, so dass es sehr gut in die oberen Hautschichten eindringt und hilft, die Wirkstoffe in den Körper zu transportieren. Nachteil: Zur Pflege unreiner und großporiger Gesichtshaut eignet sich Lanolin nicht. In diesen Fällen können Sie aber auf Kakao- oder Shea-Butter plus Emugator zurückgreifen sowie auf konsistenzbildenden Cetylalkohol. Achten Sie immer auf möglichst rohe, naturbelassene Qualität.

BASIS-REZEPTUR

Da alle Basis-Öle und Rohstoffe unterschiedlich miteinander reagieren, zählt beim Vermischen der Rohstoffe immer das persönliche Gespür. Als Grundregel gilt: 1 EL Bienenwachs oder Lanolin (oder eine Mischung aus beidem) auf 30 ml Basis-Öl wie neutrales, kaltgepresstes Pflanzen-Öl oder Öl-Mazerate geben. Veganer ersetzen Bienenwachs und Lanolin durch Cetylalkohol und Xyliance. Erhitzen Sie die kaltgepressten Öle und die Wachse keinesfalls höher als 60° C – lieber langsam bei möglichst niedriger Temperatur schmelzen.

Stellen Sie nach dem Sterilisieren der Utensilien das Basis-Öl oder das fertige Kräuter-Mazerat bei niedriger Temperatur (40–60° C) im Becherglas ins Wasserbad. Zu große Hitze erstört die Inhaltsstoffe der kaltgepressten Basis-Öle und Kräuterauszüge. Dann geben Sie den Konsistenzbildner laut Basis-Rezeptur (siehe Kasten) hinzu: Wachse und Lanolin beginnen, im Öl langsam zu schmelzen. Alles bleibt so lange im Wasserbad, bis sämtliche Anteile flüssig sind und sich so vermischt haben. Umrühren beschleunigt den Prozess, ist aber nicht zwingend notwendig. Die aufgewärmte Mischung nehmen Sie schließlich aus dem Wasserbad.

Shea-Butter und Bienenwachs bzw. Cetylalkohol und Xyliance für Veganer sind hervorragende Grundlagen für Cremes.

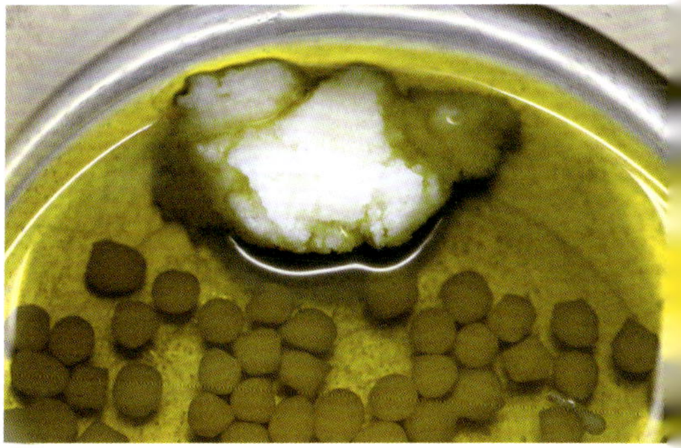

Erst nach einer kurzen Abkühlphase der Fette, aber bevor sie fest werden, geben Sie ergänzend **ätherische Öle** oder **Essenzen** in die noch flüssige Masse im Gefäß hinzu und rühren um. Sie können auch **Tinkturen** zugeben: Soll der Alkohol darin verdampfen, so geben Sie die Tinktur in die noch warme Öl-Phase. Dient sie aber als maßgeblicher Wirkstoff, dann am besten erst zum Schluss, nach dem Abkühlen, hinzufügen. Je nach Rezeptur und persönlichem Gespür können Sie bis zu 30 Tropfen einer Heilpflanzen-Essenz oder -Tinktur und je nach Duft und Wirkung 1–10 Tropfen ätherisches Öl zugeben – bei starken Ölen, etwa Zimt, nur einen Viertel Tropfen (mit einem Zahnstocher aus dem Öl-Fläschchen entnehmen). Es gibt ätherische Öle, die Sie bei empfindsamer Haut, in der Schwangerschaft, Stillzeit, für Kinder oder bei bestimmten Erkrankungen wie Epilepsie nicht nehmen sollten (Beschreibungen ab Seite 118).

Um die **Konsistenz** der Salben-Mischung zu prüfen, können Sie wie beim Kochen von Marmelade verfahren: Sie nehmen mit einem Glasspatel oder Löffel einen Topfen der flüssigen Salbe aus dem Becherglas und lassen ihn auf einen kalten Untergrund, z.B. ein Steinbrett tropfen. Der Tropfen erkaltet rasch und Sie können sehen und auf der Haut austesten, ob die Konsistenz eine gute Streichfähigkeit besitzt. Merken Sie, dass die Salbe zu fest wird, ist das kein Problem. Sie fügen dann einfach noch etwas Öl hinzu. Ist die Salbe dagegen in der Konsistenz noch immer zu weich und flüssig, braucht es im Becherglas mehr Bienenwachs.

Jetzt können Sie die Mischung in noch flüssigem Zustand in die vorbereiteten sterilen **Glastiegel** gießen. Dann die desinfizierten und getrockneten Deckel vorsichtig aufschrauben, da die Salbe noch flüssig ist. Lagern Sie lichtgeschützt (am besten Braungläser verwenden) und eher kühl. Die Haltbarkeit des fertigen Produktes entspricht der des Basis-Öles plus etwa einem halben Jahr, da die Masse jetzt gebunden und natürlich konserviert wurde. Empfehlenswert ist, die Gläser und Tiegel gleich mit Datum zu versehen – dabei können Sie auch gleich die Mindesthaltbarkeit mit auf das Etikett schreiben. Der Unterschied zwischen einer Salbe und einem **Balsam** ist die Anwendung. Die Herstellung ist identisch. Eine Salbe eignet sich, um über die Wirkung die Haut zu regulieren, während ein Balsam für Massagen oder zur Hand- und Fusspflege eingesetzt wird. Ein Balsam ist deshalb oftmals etwas öliger als eine Salbe, von der Konsistenz her also flüssiger.

CREMES – SALBEN MIT WASSERLÖSLICHEN WIRKSTOFFEN

Der grundlegende Unterschied zwischen einer Salbe und einer Creme ist der Wassergehalt. In einer Creme ist ein höherer Anteil wässriger Komponenten enthalten: Auszüge oder Infus und Dekokte, Hydrolate, Kräuter-Extrakte, feinstoffliche Essenzen oder Tinkturen.

Da sich Öl und Wasser von Natur aus nicht verbinden, braucht man einen **Emulgator**, d.h. eine Substanz, die für eine homogene Mischung sorgt. Wird die Creme wie eine Salbe auf Lanolin-Basis her-

Unsere beanspruchten Füße genießen jede Massage – über Reflexpunkte wird der gesamte Körper einbezogen.

gestellt, so reicht das bereits aus. Alternativ können Sie auch Cetylalkohol nehmen. Er wird ebenfalls einfach in die Fettphase der Creme zugegeben. Verwenden Sie ihn stets bei unreiner Haut sowie bei der seltenen Lanolin-Unverträglichkeit. Ansonsten ist auch die Kombination von Lanolin und Cetylakohol möglich und je nach Rezeptur sogar sinnvoll – gerade wenn die Creme leichter werden soll.

Eine Creme müssen Sie rühren, bis sie vollständig erkaltet ist, da sich sonst die Öl- und Wasserphase wieder trennen könnte. Das kann auch einmal geschehen, wenn die Creme zu kalt gelagert wird oder Frost abbekommt. Schlimm ist das aber nicht, da Sie die Creme wieder über die Wärme der Hände vor dem Auftragen verreiben können.

Für eine schöne **Konsistenz** können Sie pflegende Kakao- und aufbauende Shea-Butter mit ihrem natürlichen, hautglättenden Gehalt an Allantoin zugeben. Isoliertes oder synthetisches Allantoin ist nicht zu empfehlen, da die sekundären Pflanzenwirkstoffe fehlen. Shea-Butter ist das Fett der Nüsse des Karitee-Baumes und ist eine hochwertige Basis für jeden Hauttyp, ganz besonders für trockene und regenerierungsbedürftige Haut. Sowohl Kakao- als auch Shea-Butter sind gute Konsistenzgeber und Wirkstoffe in einem und eignen sich für hochwertige, pflegende und aufbauende Kosmetika. Auch hier gilt wieder: Geben Sie erst während des Erkaltens ätherische Öle, Essenzen oder die **natürlichen Konservierungsstoffe** wie Propolis-Tinktur zu.

BASIS-REZEPTUR

- 30–35 ml Basis-Öl: je nach Hauttyp z.B. Jojoba-, Mandel-, Avocado-Öl
- alternativ ein Öl-Mazerat: kann in gleicher Menge oder auch anteilig verwendet werden
- 3–6 g gelbes Bio-Bienenwachs bzw. Cetylalkohol (für Veganer)
- 5–15 g Lanolin anhydrid pestizidfrei bzw. Xyliance (für Veganer)
- nach Bedarf: 1–3 g Cetylalkohol oder 3–6 g Kakao- oder Shea-Butter
- bereits in die Öl-Phase die gewünschten Tinkturen zugeben, damit der Alkoholgehalt verdampfen kann
- 20 ml Wasserphase (Hydrolat, Tinktur, Tee, Infus, Dekokt)

Zunächst schmelzen Sie die Öl-Phase in einem Weithals-Becherglas im Wasserbad, wobei Sie gelegentlich mit einem sauberen Holzlöffel oder Schaschlikspieß umrühren. Dann bereiten Sie 20 ml der Wasser-Phase vor: Bio-Hydrolat, Tee-Auszug in destilliertem Wasser, feinstoffliche Essenz, Press-Saft oder eine geeignete Kombination daraus. Die Wasser-Phase am besten mit einem Rührgerät auf niedriger Stufe i die bereits geschmolzene Öl-Phase einrühren. Kleine Portionen können Sie auch gut mit der Hand oder mit einen Milchaufschäumer bearbeiten. Beide Phasen sind auf etwa 50–60 °C erwärmt. Sie können auch eine kalte Wasserphase einrühren, wobei die Creme dann deutlich schneller auskühlt. Sie müssen dabei kontinuierlich umrühren.

Danach wahlweise noch hinzugeben:

- 1–3 Tr. ätherisches Öl Ihrer Wahl mit ergänzender und unterstützender Wirkrichtung
- 1–4 Tr. Grapefruit-Kernextrakt oder Propolis-Tinktur oder 0,1–0,3 g Propolis-Pulver als natürliche Konservierung (Achtung: körnig)
- 1–4 Tr. Vitamin E natürlich zur Verlängerung der Haltbarkeit des Basis-Öls

Beide Phasen behutsam und unter ständigem Rühren vermengen. Dann in die desinfizierten Tiegel zum Abkühle einfüllen (Deckel bei der Desinfektion nicht vergessen). So lange rühren, bis die Creme vollständig erkaltet ist.

Rosencreme

Bedenken Sie dabei: Propolis verändert die Konsistenz einer Creme, als Tinktur wie auch als manchmal etwas unangenehm körniges Pulver. Auch natürlicher Grapefruit-Kernextrakt wirkt leicht hemmend auf das Wachstum von Keimen und ist zudem antimykotisch. Tocopherol, Vitamin E, verlängert ebenfalls die Haltbarkeit der Basis-Öle. Es gibt Vitamin E in natürlicher und in synthetischer Form, daher bedacht auswählen. Alkohol konserviert zwar auch, trocknet aber die Haut aus. Es gibt einen Trick, um das zu umgehen: Geben Sie Alkohol oder Alkohol-Tinkturen gleich zu Beginn in das Basis-Öl, so dass der Alkoholgehalt dann beim Herstellungsprozess verdampft. Vorsicht – das Öl kann beim Erhitzen spritzen.

Eine Creme ist etwa 2–6 Monate haltbar, wenn steril gearbeitet wird und die Rohstoffe frisch sind. Die Haltbarkeit wird durch den wässrigen Anteil mitbestimmt: Je mehr Wasser eine Creme enthält, desto kürzer die Haltbarkeit. Achtung: Cremes, die Tee, Infos oder Dekokt enthalten, sind ausschließlich zum sofortigen Gebrauch bestimmt und sehr anfällig für Keime. Wenn Sie sie kühl und dunkel lagern (wobei dazu oft ein Etikett um das Glas herum ausreicht) und beim Entnehmen mit einem Glasspatel arbeiten, können Sie die Haltbarkeit verlängern. Hat eine Creme allerdings einmal Schimmel angesetzt, können Sie sie selbstverständlich nicht mehr verwenden. „Abgelaufene", leicht ranzige Cremes ohne Schimmelbildung sind immerhin noch gut zur Pflege von Vollholzmöbeln oder Glattleder zu gebrauchen.

Das Grundrezept für eine Creme ist nicht ganz so einfach wie für eine Salbe, da alle Komponenten in Kombination miteinander verschieden reagieren und je nach Anteil eine unterschiedliche Konsistenz bilden. Hier dürfen Sie also ausprobieren und eigene Erfahrungen sammeln. Wasser-Phase und Öl-Phase bereiten Sie in zwei sterilen Bechergläsern separat vor.

INFUS – EIN STARKER TEE

Ein Infus ist im Vergleich zum klassischen Tee die nächst **stärkere Zubereitung**. Infus bedeutet Aufguss, ist also ein wässriger Extrakt aus Pflanzenteilen. Dazu wird das jeweilige Kraut zunächst wie Tee bereitet, wobei der Ansatz jedoch luftdicht zieht: Hervorragend eignen sich feuerfeste Einmachgläser mit dicht schließendem Glasdeckel. Das

Grundrezept ist denkbar einfach. Der Vorteil von Infus ist, dass Kräuter in einem luftdicht verschlossenen Gefäß ihre Wirkstoffe konzentrierter abgeben. So entsteht eine höhere Dosierung. Sie eignet sich für Menschen, die ungerne größere Mengen Tee trinken oder für kleine Kinder, für die eine Tinktur auf Alkohol-Basis nicht geeignet ist. Der Infus lässt sich auch tropfenweise einnehmen.

Dargereicht wird ein Infus therapeutisch entweder kalt, dabei manchmal auch mit Zitrone; oder leicht angewärmt. Immer am besten ohne Zusatz von Zucker. Je nach Beschwerde und abhängig vom verwendeten Heilkraut trinken Erwachsene über den Tag verteilt 1–4 Tassen, Kinder dagegen nur ½-1 Tasse. Nährendes Pflanzengut wie Himbeer-Blätter können Sie höher dosieren, bitterstoffhaltige Pflanzen wie Beifuß dagegen eher tropfenweise. Neben der direkten Einnahme ist ein Infus auch ein wunderbarer heilkosmetischer Ausgangsstoff für ein Bad oder ein Fuß-Bad, für Haar- Spülungen, Wickel und Auflagen.

Stärkender Infus aus Vogelmiere für den Mineralstoff-Haushalt

BASIS-REZEPTUR

Menge auf 1 l Wasser:

- bei Wurzeln, Rinde, Samen, Früchten, Beeren: 60 g Pflanzengut
- bei Blättern und Blüten: 30 g Pflanzengut

Je nach Inhaltsstoffen wie Vitaminen, Mineralstoffen oder auch Chlorophyll gibt es eine unterschiedliche Auszugsdauer, um die wasserlöslichen Wirkstoffe in das Wasser zu übertragen. Als Faustregel gilt:

- **Wurzeln und Rinde** aufgrund der schwer löslichen Alkaloide und der widerstandsfähigen Zellwände etwa 6 Stunden ziehen lassen. Ausnahmen: Baldrian und Süßholz. Hier reicht 1 Stunde. Eichen-Rinde der Gerbstoffe wegen besser kalt über Nacht ausziehen lassen.
- **Samen, Früchte und Beeren** geben rasch und gerne ihre Wirkstoffe an das Wasser ab. Feuchtigkeit ist wie eine Vorstufe zum Keimen. ½ Stunde reicht daher vollkommen aus. Eine Ausnahme sind Hagebutten und Beeren des Weißdorns. Sie dürfen etwas länger ziehen, etwa 45 Minuten bis 1 Stunde.
- **Blätter** brauchen 2–4 Stunden.
- **Blüten** benötigen 1–2 Stunden: Bei sehr zarten Blütenköpfen wie denen von Holunder oder Schlehe reicht bereits ½ Stunde aus.

DEKOKT – AUSZUG AUF BASIS EINES INFUS

Um ein Dekokt herzustellen, ist ein Infus die Grundlage. Als Schrittfolge bedeutet das: Die Kräuter heraussieben. Dann die verbliebene Flüssigkeit des Infus bei schwacher Hitze und unter ständigem Rühren auf die Hälfte der Menge **eindampfen**. Der Dekokt darf nicht kochen, da sonst wertvolle Inhaltsstoffe zerstört werden. Je nach Verwendungszweck kann der Ansatz auch auf ½ oder ¼ (bei bitterstoffhaltigen Pflanzen sogar noch weniger) der ursprünglichen Menge eingedampft werden (nur sinnvoll, wenn der Hauptwirkstoff nicht ätherisch Öl basiert ist). Um die Eindampfmenge zu kontrollieren, eignet sich ein Holzstab (Schaschlikstab) mit eingeritzter Kerbe auf Höhe der Ausgangsmenge.

Dekokte sind also **konzentrierte wässrige Auszüge** und damit hochdosierte Pflanzenextrakte. In der Phytotherapie eignen sie sich gut für die Behandlung von Kindern und werden, wegen des manchmal strengen Geschmackes, dann gerne zu Sirup oder Bonbon weiter verarbeitet. Selbst sehr bitter schmeckende Pflanzen wie Tausendgüldenkraut oder Wermut sind dann leichter genießbar. Sie können sehr niedrig dosiert werden. In der Heilkosmetik finden sie vor allem Einsatz für Auflagen und Wickel oder als Badezusatz für Voll- und Teilbäder sowie innerlich zur Ausleitung von Giftstoffen.

Dekokte halten sich im Kühlschrank etwa 1–2 Wochen. Wenn Sie sie mit etwas hochprozentigem Alkohol oder Apfel-Essig (für Haar-Spülungen ideal) konservieren, sogar noch länger, etwa 4–8 Wochen. Bei einem Anteil von 15 Prozent Weingeist können Sie bei Bedarf den Ansatz sogar bis zu einem Jahr lang (kühl) lagern. Für Kinder sind sie dann aber nur geeignet, wenn Sie vor dem Gebrauch den Alkohol in einem Glas mit heißem Wasser verdampfen. Prinzipiell ist es aber natürlich immer am besten, einen Dekokt ganz frisch zuzubereiten.

Das Volumen lässt sich beim Eindampfen ganz einfach mithilfe eines Schaschlikstabes messen.

TINKTUREN UND ESSIG-AUSZÜGE: EXTRAKTION AUF ALKOHOL-BASIS

Einige Inhaltsstoffe von Pflanzen wie Harze, Alkaloide und allgemein die fettlöslichen Bestandteile lösen sich nicht in Wasser, sondern nur in **Alkohol**. Deshalb eignet sich bei manchen Rezepturen eine Kombination aus wässrigem Auszug und alkoholischer **Tinktur** sehr gut, um möglichst viele Wirkstoffe einer Pflanze einzubeziehen (Bsp.: Ringelblume). Eine Tinktur wird vornehmlich aus frischem Pflanzenmaterial hergestellt: Sie wird dann Urtinktur genannt, um sie von einer Tinktur aus getrockneten Material zu unterscheiden. Ein großer Vorteil ist die überaus lange, fast unbegrenzte Lagerfähigkeit, da die Pflanzenwirkstoffe im Alkohol gebunden bleiben. Lagern Sie sie stets dunkel: So haben Sie beste Pflanzenauszüge auch im Winter zur Hand. In der Heilkosmetik sind Tinkturen begehrte Wirkstoffträger.

Wenn Sie eine Tinktur benötigen, aber keinen Alkohol zu sich nehmen wollen, legen Sie einen milderen **Essig-Auszug** an. Ganz besonders geeignet ist er für Kinder, lebergeschädigte Menschen oder ehemalige Alkoholiker. Sie können frisches Pflanzengut in hochwertigem, biologischem Apfel-Essig ansetzen. Tinkturen auf dieser Basis sind al-

Tinkturen machen Pflanzenkraft auch für die Wintermonate lagerfähig.

BASIS-REZEPTUR

Füllen Sie ein steriles Glas mit der frischen und zum geeigneten Zeitpunkt (beispielsweise Neumond) geernteten Pflanze. Das Glas wird je nach Wirkstoff zu ¼ bis ½ mit dem Material gefüllt. Waschen Sie nur sehr erdige Wurzelstückchen und trocknen Sie sie danach schnell und gut ab. Oder lassen Sie sie nach der Ernte kurz antrocknen, um die Erdkrümel dann gut abzuklopfen oder mit einer Bürste ab zu schrubben: Das Material sollte möglichst sauber sein. Feine Blüten und Blätter geben Sie als Ganzes hinein, grobe Wurzelstücke und Rinden zerkleinern Sie mit einem Keramikmesser.

Danach füllen Sie das Glas mit hochprozentigem Alkohol. Es eignet sich 30–90%-iger Obstbrand von Streuobstwiesen oder Alkohol (Weingeist) aus kontrolliert biologischem Anbau. Wenn Sie nichts anderes zur Hand haben, können Sie auch Wodka nehmen. Nach frühestens 2–4 Wochen ist die Tinktur gebrauchsfertig und Sie können sie abfiltrieren (am besten bei Vollmond). Achten Sie darauf, dass das Kraut stets alkoholbedeckt ist, damit es nicht welkt. Damit leichte Blätter und Blüten nicht aufsteigen, eher kleinere Gläser verwenden, die das gesamte Pflanzengut fassen.

Wenn anders nicht möglich, können Sie auch getrocknete Pflanzen verwenden. Manche Pflanzen wie das Leberblümchen müssen für eine Tinktur sogar vorab getrocknet werden, damit giftige Inhaltsstoffe zerfallen. Getrocknetes Pflanzengut können sie wegen des viel geringeren Wasseranteils niedriger dosieren. Harze wie Myrrhe oder Weihrauch benötigen mindestens 6 Monate Auszugszeit. Regel: Je ledrig-fester oder harziger ein Pflanzenteil, desto höher der prozentuale Alkoholgehalt und die Auszugszeit:

- zarte Blätter und Blüten: 28–36%, mindestens 2–4 Wochen
- Blätter, ganzes Kraut und kräftige Blüten: 36–40%, mindestens 3–5 Wochen
- Wurzeln, Rinden, Hölzer und ledrige Blätter: 60–70%, mindestens 4–8 Wochen
- reine Harze: 96%, mindestens 6 Monate

lerdings nicht so lange haltbar. Bitte beachten Sie: Sie müssen bei Gebrauch im Vergleich zum Alkohol doppelt so hoch dosiert werden, also statt 5 Tropfen auf Alkohol-Basis 10 Tropfen auf Essig-Basis verwenden. Die Konsistenz von Kosmetika kann sich aufgrund des pH-Wertes auch anders verhalten als bei alkoholischen Tinkturen.

Bei der Herstellung einer Essig-Tinktur verfahren Sie wie im Kasten oben beschrieben. Allerdings wegen der Säure bei den verwendeten Gefäßen bitte keine Metalldeckel nehmen, sondern Korken oder Holz. Sie können natürlich auch Ihren Salat mit einem köstlichen und gehaltvollen Kräuteressig würzen. Solcherlei Gewürzkräuter-Auszüge tragen uns die Kraft frischer Kräuter auch in die Winterküche. Sie kräftigen dabei den Organismus.

Zur inneren Einnahme von alkoholischen Tinkturen oder Essig-Auszügen geben Sie diese tröpfchenweise in ein Glas gutes Wasser. Wenn Sie den Alkohol verdampfen wollen, erhitzen Sie das Wasser mit der Tinktur und rühren ein Weilchen um, damit der Alkohol entweicht.

FEINSTOFFLICHE ESSENZEN – LEBENSKRAFT DES PFLANZENWESENS

Die meisten Menschen kennen **Bach-Blüten**, die man als feinstoffliche Essenzen bezeichnen kann. Um eine solche Essenz herzustellen, gibt es aber nicht nur die Herangehensweise, wie sie für Bach-Blüten angewendet wird, sondern mehrere Wege. Es bleibt Ihnen selbst überlassen, für welche Möglichkeit Sie sich entscheiden. Feinstoffliche Essenzen enthalten das Wesenhafte einer Pflanze und berühren uns auf emotionaler wie spiritueller Ebene. Gehen Sie während der ganzen Arbeit klar und konzentriert vor. Gedanken oder flüchtige Regungen werden vom Wasser gespeichert – positiv wie negativ. Sie spüren intuitiv, wann der Prozess beendet ist. Meist geht es relativ schnell, wenn Sie innerlich frei und entspannt bleiben. Falls nötig, können Sie die Essenz im Nachhinein wieder von störenden Einflüssen oder negativen Gedanken, die in der Flasche nichts zu suchen haben, reinigen. Dazu zentrieren Sie sich, visualisieren das Licht bedingungsloser Liebe und stellen die Essenz auf dem Erdboden in dieses Licht.

Feinstoffliche Essenzen erreichen uns auf emotional-seelischer Ebene.

Ein erster Weg ist: Sie sammeln am frühen Morgen den **Tau** der gewünschten Pflanze ab. Beispielsweise mit einer sterilen Pipette aus dem Apotheken-Handel. Bei großblättrigen Pflanzen wie beim Frauenmantel ist das einfach, bei kleinen Pflänzchen sehr zeitintensiv. Auf jeden Fall verbinden Sie sich durch diese Tätigkeit in innerer Ruhe gleich meditativ mit der Kraft der Pflanze oder mit dem gewählten Edelstein, Salz oder Metall, die die Nacht über draußen lagen. Sie können die Pflanze alternativ auch mit Quellwasser besprühen und das Wasser nach 15–30 Minuten absammeln.

Ein zweiter Weg ist: Sie stellen eine saubere und unetikettierte Flasche mit reinem und gutem, rechtsdrehendem **Quellwasser** oder mithilfe Umkehr-Osmose oder einem Verwirbler gefiltertem Hahnenwasser direkt **neben die Pflanze**. Verwenden Sie immer ein Filtersystem, das auch Antibiotika und Schwermetalle aus dem Wasser entfernt. Gereinigte und aufgeladene Steine und Metalle geben Sie ganz einfach in ein Glas mit einem solchen Wasser hinein. Das Wasser nimmt dann die Energien und die Information innerhalb von 15–60 Minuten leicht auf.

In derselben liebevollen Verbundenheit wie oben beschrieben können Sie – das ist ein dritter Weg – Blüten oder Blätter der Pflanze auch **pflücken und in das Wasser** einlegen, wenn Sie noch kein Zutrauen in die Stille Ihres Geistes haben. Der Vorteil ist, dass die Übertragung der Information und Pflanzenkraft einfacher und vom eigenen Wesen losgelöster stattfindet. Der Nachteil ist, dass Sie über das Stoffliche einer Pflanze arbeiten und sie ernten müssen, sofern Sie sie nicht in das Wasser neigen können. Längere Stängel lassen sich manchmal ins Wasser neigen. Auch können Sie mit Kieselsteinen oder Ästchen zum Befestigen arbeiten.

Das erhaltene Wasser mit der feinstofflichen Information müssen Sie **mit Alkohol konservieren**, wenn es nicht zum sofortigen Verbrauch bestimmt ist. Geben Sie etwa 10-20% der Menge an Trinkalkohol hinzu, am besten Bio-Obstler einer Streuobstwiese – doch kein Zwetschgenwasser, da dieses Blausäure enthalten kann. Auch Whisky oder Branntwein tun es. 20 %-iger Essig (Apfel-Essig) ist ebenfalls denkbar, wobei die Mischung dann nicht so lange haltbar ist. Sie können mit etwas Erfahrung auch gut vier bis sechs feinstoffliche Essenzen mischen, um die ganze Vielfalt therapeutisch oder heilkosmetisch zu nutzen. Dazu nehmen Sie jeweils einen Tropfen der gewählten Essenz auf 10 ml gutes Quellwasser. Konservieren Sie die Mischung wieder mit 15–20 %-igem Alkohol. Die Mischung ist unbegrenzt haltbar, sofern Sie sie in Braungläschen lagern.

ESSENZEN VON PFLANZEN, METALLEN, EDELSTEINEN ODER SALZ

Eine Essenz enthält zahlreiche energetische und damit feinstofflich wirksame Informationen. Umso wichtiger ist es, die Essenz selbst herzustellen oder sie dort zu kaufen, wo Sie ein gutes Gefühl haben. Leider kann man sich bei einigen Essenzen auf dem größer werdenden Markt nicht immer sicher sein.

Schön ist es, solche Essenzen dem Badewasser zuzugeben oder damit ein Fuß-Bad zu bereiten. Wenn Sie ohnehin bereits Ihr Trinkwasser mit Edelsteinen energetisieren, können Sie zusätzlich auch ein paar Blüten hinzugeben. Nehmen Sie hierfür auf keinen Fall gekaufte Schnittblumen, die meist mit entsprechendem Einsatz von Spritz- und Düngemitteln gezüchtet wurden. Sie finden eine ausführliche Beschreibung einiger wirksamer heilkosmetischer Essenzen ab Seite 136.

MAZERATE: AUSZÜGE AUF ÖL-BASIS

Öl-Mazerate sind Auszüge von frischen, gehaltvollen Pflanzenteilen in einem **Träger-Öl**. Sie sammeln dazu die Pflanzen optimalerweise am Vormittag, sobald der Tau der Nacht abgetrocknet ist und bevor die Mittagshitze einsetzt. Jetzt stehen die Pflanzen in ihrer ganzen Kraft. Bei oder kurz nach Regen sammeln Sie keine Kräuter, da der Regen einen Teil der wasserlöslichen Inhaltstoffe ausschwemmt. Lassen Sie Käfern und anderem kleinen Getier die Möglichkeit, aus dem Sammelgut herauszuklettern, indem Sie es auf einem Blatt Papier oder einem hellen Handtuch ausbreiten und immer wieder bewegen. Achten Sie auch darauf, dass sich die Tierchen nicht von einer Blüte in die nächste zu retten versuchen. Falls Sie Wurzelstücke oder große Blätter mazerieren wollen, zerkleinern Sie das Pflanzenmaterial vorsichtig, indem Sie es mit einem Keramikmesser zerschneiden oder vorsichtig zerrupfen.

Als Basis-Öl für heilkosmetische Zwecke eignet sich Oliven-Öl besonders gut, da es wundheilende und pflegende Eigenschaften besitzt und sehr aufnahmefähig ist. Empfehlenswert sind auch Mandel-, Sesam-, Jojoba-, Sonnen-

Mazerate sind eine ausgezeichnete Grundlage für viele heilkosmetische Produkte.

BASIS-REZEPTUR

Lassen Sie zunächst feuchte bzw. schleimstoffhaltige Pflanzen wie Beinwell, Alant oder Huflattich etwas anwelken. Dann geben Sie das Sammelgut in ein steriles, verschließbares Gefäß. Einmachgläser mit Schnappverschluss sind ideal. Füllen Sie es mit einem Basis-Öl auf. Rühren Sie alle Luftblasen mit einem sauberen Holzlöffel oder Glasspatel heraus. Wichtig: Die Pflanzen müssen vollständig mit Öl bedeckt sein. Den Deckel sorgfältig schließen. Katzen und Hunde lieben den Geschmack der Öle. Achten Sie daher darauf, dass die Gläser für Haustiere nicht erreichbar sind.

Mazerat aus Johanniskraut können Sie in die Sonne stellen, damit die Wirkstoffe durch die Sonnenwärme ausgezogen werden. Geeignet ist beispielsweise das Fensterbrett eines Südfensters oder ein geschützter Standort im Garten. Andere Kräuter wie etwa Beinwell positionieren Sie besser nicht in der prallen Sonne, wenngleich an einem warmen Ort. Allerdings sollte Öl grundsätzlich nie heißer als 42° C werden. Dies ist der Grenzwert für sehr viele wertvolle Vitalstoffe im wahrsten Sinne des Wortes. Während der ganzen Auszugperiode unbedingt darauf achten, dass sich am Deckel bildendes Kondenswasser mit einem sauberen Tuch ausgewischt wird – am besten jeden Tag, mindestens alle 2–3 Tage. In das Öl getropftes Wasser verdirbt das Mazerat schnell: Einmal angeschimmeltes Öl können Sie nicht mehr verwenden.

Der Auszug ist nach etwa sechs Wochen fertig. Im Gegensatz zu einer Tinktur müssen Sie ihn unbedingt abfiltern. Sie können einen Trichter in eine sterile Flasche geben, ein sauberes Handtuch hineinlegen und so die Kräuter durchseihen. Am Schluss können Sie mit sauberen Händen den Rest auspressen. Alternativ können Sie für größere Mengen auch eine Spätzlespresse (Plastik, nicht Metall) verwenden, mit der Sie allerdings nicht zu kräftig auspressen, da sonst zu viele Schlierstoffe ausfließen. Zum Abschluss des Vorganges beschriften Sie die Flaschen für die (dunkle) Lagerung sorgfältig: Pflanzenteil, Basis-Öl, Datum der Herstellung oder Mindesthaltbarkeitsdatum.

blumen-, Hanf- und Avocado-Öl. Duftneutrale Öle wie Mandel- oder Jojoba-Öl sind bestens geeignet für feine Duftpflanzen-Auszüge wie Rosen- oder Lavendel-Blüten. Wählen Sie ein Basis-Öl je nach Hauttyp und Funktionen wie Aufnahmefähigkeit, Wirkung, Konsistenz (Listung ab Seite 42). Sie können Mazerate als Grundlage für Körper- und Massage-Öle, Bade-Öle, Cremes und Balsame verwenden.

ÄTHERISCHE ÖLE UND HYDROLATE: KONZENTRIERTE WIRK- UND DUFTSTOFFE

Wie kommt eigentlich der duftende Pflanzen-Geist in die Flasche? Er wird vorwiegend herausdestilliert: Öle aus ätherisch-ölhaltigen Pflanzenteilen wie Blüten, Blätter, Rinden, Wurzeln und Harze werden in den meisten Fällen mittels Wasserdampf in einer **Destille** gewonnen. Es gibt daneben noch andere Verfahren wie die Kaltpressung bei Zitrus-Ölen, die Extraktion durch Lösungsmittel (Absolues), die CO_2–Extraktion und die seltene, aufwendige Enfleurage.

Bei der Destillation gibt der Destillateur das Pflanzenmaterial in einen mit Wasser befüllten Behälter, Alambic genannt. Klassischerweise ist die Destille aus wärmeleitendem Kupfer. Durch ein Feuer oder eine andere Heizquelle unter dem Kessel nimmt die Temperatur im verschlossenen Kessel zu: Wasserdampf steigt auf. Er öffnet dabei die Öldrüsen der Pflanzen und nimmt das darin befindliche ätherische Öl mit. In einem sich verjüngenden Rohr, das gekühlt wird, schlägt sich die Flüssigkeit nieder. Sie fließt oder tropft dann in einen bereitgestellten Auffangbehälter.

Das Destillat enthält eine Öl- auf einer Wasser-Phase: oben das **ätherische Öl**, darunter das so genannte **Hydrolat**. Da sich Öl und Wasser ohne einen Emulgator nicht verbinden, lässt sich das oben schwimmende ätherische Öl gut abschöpfen oder mit einer sauberen Pipette abziehen.

Eine kleine Wanderdestille erfüllt vollkommen ihren Zweck für den „Hausgebrauch".

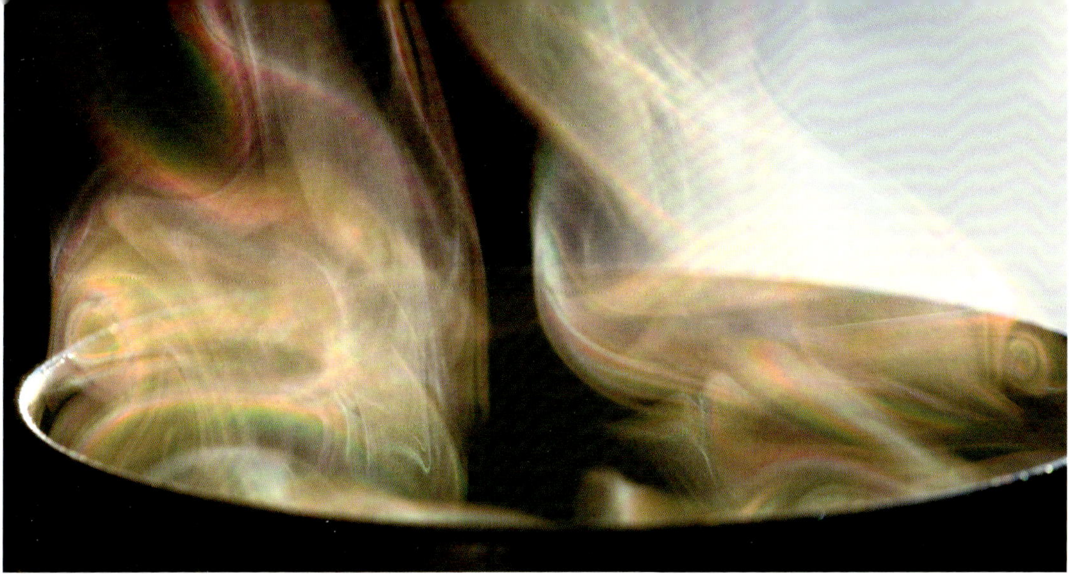

In der Duftbotschaft einer Pflanze offenbart sich ihr Wesen – und geht in Resonanz mit uns.

Sowohl in den ätherischen Ölen als auch in Hydrolaten sind zahlreiche pflanzlich aktive Wirkstoffe enthalten, die wir für die Bereitung hochwertiger Heilkosmetik sehr gut gebrauchen können.

Der Vorgang des Destillierens ist eine uralte Kunst. Sowohl Temperatur als auch Druck und die Destillationsdauer sollten für ein hochwertiges Produkt ganz genau aufeinander abgestimmt sein. Wird zu heiß destilliert, ist die Öl-Ausbeute höher, doch leiden etliche der wertvollen Inhaltsstoffe darunter. Die zahlreichen Inhaltsstoffe – bei Lavendel gibt es über 160 bekannte Stoffe alleine im ätherischen Öl – sind mal leichter, mal schwerer herauszulösen. Dabei spielt auch die Destillationsdauer eine große Rolle. Ein hochwertiges, kraftvolles Produkt lässt sich gut daran erkennen, dass das Duftbouquet in sich rund, facettenreich und lebendig ist.

Falls Sie keine Destille Ihr Eigen nennen, bedenken Sie beim Kauf ätherischer Öle: Entscheiden Sie sich stets für ausschließlich naturreine, lebendige und rückstandskontrollierte Öle. Nehmen Sie keine minderwertige Billigware oder synthetische Parfüm-Öle. Häufig sind sie gestreckt, gepanscht, verfälscht oder sogar gefälscht, also synthetisch hergestellt. Solche Öle sind nicht nur hochgradig gesundheitsschädlich – teilweise sogar krebserregend –, sondern bieten unserer Seele nicht die Möglichkeit, sich in ihrer Tiefe zu bewegen und sind für die Heilkosmetik wertlos. Hochwertige, reine Öle dagegen gewährleisten das auf hervorragende und manchmal verblüffende Weise. Sie sind natürlich immer teurer, können aber gleichzeitig auch entsprechend sparsamer verwendet werden. Das Wirkungsspektrum für Körper Geist und Seele ätherischer Öle ist sehr breit (Beschreibung ab Seite 118).

Hochwertige Öle bieten desinfizierende, antivirale und antimykotische Eigenschaften, was sie gerade im Winter beliebt macht. Die Wirkung findet auch auf seelischer Ebene statt: In einem kostbaren und reinen Duft können wir aufgehen und uns hingeben.

Hydrolate kommen in der Heilkosmetik als hochwertige wässrige Basis in Cremes und Lotionen zum Einsatz, daneben auch pur als Gesichts- und Rasierwasser. Sie werden auch gerne in der Küche (Beispiel: Rosenwasser im Marzipan) oder medizinisch verwendet. Der Vorteil ist, dass sie nicht konserviert werden müssen, da der Destillationsvorgang eine Haltbarkeit von einem halben bis zu einem Jahr mit sich bringt. Dennoch schadet es nicht, beim Kauf darauf zu achten, wirklich unkonservierte und alkoholfreie Ware zu bekommen. Gerade für die ganzheitliche Heilkosmetik sind ätherische Öle und Blütenwässer hervorragende Ingredienzien für eine körperliche wie seelische Wirkung.

ÄTHERISCHE ÖLE: ÜBERBLICK ZU DEN HAUTTYPEN

- normale Haut: Römische Kamille, Ylang-Ylang, Neroli, Geranie, Rose, Lavendel, Zypresse
- trockene Haut: Vetiver, Amyris, Ylang-Ylang, Rose, Honigwachs, Fenchel, Patchouli, Neroli
- fettige und großporige Haut: Bergamotte, Lavendel, Zypresse, Myrte, Eisenkraut, Petit Grain, Schafgarbe, Steinklee, Thymian, Cajeput, Niaouli, Eukalyptus, Salbei
- rissige und aufgesprungene Haut: Kamille *blau*, Lavendel, Schafgarbe, Jasmin, Benzoe, Iris, Vetiver, Amyris, Cananga, Immortelle, Cistrose, Sandelholz Australien
- empfindliche und allergische Haut: Rose, Neroli, Cistrose, Lavendel, Linaloe, Schafgarbe, Cananga, Immortelle, Sandelholz Australien, Amyris; aber keine Zitrus-Öle
- gestaute und müde Haut: Lemongras, Zypresse, Rosmarin, Birke, Myrrhe, Myrte, Neroli, Weihrauch
- alternde und anspruchsvolle Haut: Weihrauch, Ylang-Ylang, Fenchel, Jasmin, Muskateller-Salbei, Rosengeranie, Cananga, Tangarine

- Couperose (geplatzte Äderchen): Kamille *blau*, Lavendel, Neroli, Schafgarbe, Rose, Zypresse, Steinklee, Cistrose, Immortelle, Karotten-Samen, Myrte
- Cellulite und Orangenhaut: Zypresse, Myrte, Pampelmuse, Bergamotte, Zitrone, Wacholderbeere, Orange, Zitrone, Tangerine, Cajeput
- Psoriasis (Schuppenflechte): Immortelle, Cistrose, Cajeput, Römische Kamille, Virginia-Zeder

HYDROLATE: DIE EIGENSCHAFTEN BELIEBTER SORTEN

Cistrose hautberuhigendes und regulierendes Gesichts- und Rasierwasser mit besonders entzündungshemmender und anti-allergener Eigenschaft bei jeder problematischen bis empfindlichen und geröteten Haut sowie Couperose

Hamamelis (Zaubernuss) zur Reinigung und Pflege unreiner, großporiger und fettender Haut; als adstringierende Auflage bei Couperose; entzündungshemmend und tonisierend in Rasier- und Gesichtswasser, Cremes und Lotionen, desodorierend in Deos; wird aus Blättern, Zweigen und Rinde gewonnen

Lavendel sehr mildes und hervorragend verträgliches Gesichts- und Rasierwasser für jeden normalen bis empfindlichen Hauttyp; regt die Zell-Regeneration an und unterstützt die natürlichen Hautfunktionen; beruhigt nervöse Haut, mildert Rötungen und Hautstress

Orangen-Blüten milder, zarter Duft aus den lieblichen Blüten; eine Wonne für jede Haut; wirkt aufbauend, nährend und beruhigend auf irritierte und eher trockene bis anspruchsvolle Hauttypen; für den ganzen Körper geeignet bei trockener Haut

Rose besonders zartes Gesichts- und Rasierwasser aus den Blüten; für normale bis sehr empfindliche Haut; mit entzündungshemmender und beruhigender Eigenschaft; im Hochsommer erfrischend als Gesichtsspray für zwischendurch, auch als kühlende Augenpads auf chlorfreier Watte

Salbei kraftvolle, aber milde Unterstützung bei unreiner, aber empfindlicher und normaler Haut durch entzündungshemmende Eigenschaften; regt bei Neigung zu Pusteln die Regeneration der Haut an; wirkt entzündungshemmend, mild desodorierend; nach der Rasur geeignet

Cistrose

Lavendel

Salbei

PARFÜM: INDIVIDUELLE DUFTBOTSCHAFTEN

Aus **naturreinen Zutaten** und **unvergälltem Alkohol** können Sie sich relativ einfach ein schönes und vor allem individuelles Parfüm herstellen. Mit dem persönlichen Körperduft harmonieren dafür verwendete ätherische Öle immer in ganz eigener Art und Weise. Kein Duftprofil gleicht daher dem anderen.

Beim Gebrauch von Pflanzenparfüms sollten Sie die Hinweise zu einzelnen ätherischen Ölen beachten, wie zum Beispiel „nicht in der Schwangerschaft verwenden". Bei empfindlicher Haut besser nicht direkt auftragen, sondern auf dunkle Bekleidung. Manche Öle wie Gelbwurz, Kamille *blau* oder Tiwi färben ab, daher nicht auf weiße Kleidung sprühen. Reine ätherische Öle von ungestreckter Qualität hinterlassen keine Fettflecken. Die Haltbarkeit eines Pflanzenparfüms ist nahezu unbegrenzt, da der Alkohol und die stark antiseptisch wirkenden ätherischen Öle sich selbst konservieren. Manche Parfüme reifen tatsächlich wie guter Wein.

Naturreine Düfte sind facettenreich und tiefgründig.

Eine duftfixierende, tiefgründige **Basis-Note** besteht aus erdigen, warmen und eher schweren Aromen. Es handelt sich oft um zähflüssige Öle. Sie stabilisieren den filigranen und leicht flüchtigen Aufbau eines Duftportales. Geeignet für eine Basis-Note sind: Adlerholz (vom Aussterben bedroht), Amyris, Angelika-Wurzel, Baldrian, Baumflechte, Benzoe, Bernstein, Brahmi, Calmus-Wurzel, Centella, Costus-Wurzel, Dammar, Dill-Samen, Eichenmoos, Kakao, Kardamom, Koriander, Kreuzkümmel, Labdanum, Ledum, Linaloe, Fokiena, Galbanum, Galgant, Gelbwurz, Gingergras, Guajakholz, Gurjum, Immortelle, Karotten-Samen, Macis, Moschus-Körner, Mönchspfeffer, Moos, Muskat, Myrrhe, (Jatamansi-) Narde (Bestand bedroht), Opoponax, Patchouli, PeruBalsam, Pistache, Sandelholz Australien, Sellerie-Samen, Sugandh, Styrax, Tolu-Balsam, Tonka-Bohne, Vanille, Veilchen-Blätter, Vetiver, Wacholder-Holz, Wartara, Zedern-Holz, Zimt.

Die **Herz-Note** ist das Zetrum, das Herz bzw. die Aussage des Parfüms. Sie vermittelt den ausschlaggebenden Charakter des Duftes. Dazu am besten kostbare, elegante Düfte verwenden. Diese transportieren, was die Duftbotschaft vermitteln soll. Schöne Herz-Noten sind: Azalee, Bay, Birke, Bittermandel, Cananga, Champaca, Cistrose, Davana, Douglasie, Frangipani, Geranien-Arten, Ginster, Heliotrop, Ho-Blätter, Honig, Hyazinthe, Immortelle, Iris, Jasmin, Kaffee, Kakao, Römische Kamille, Khella, Koriander, Lärche, Latschenkiefer, Lavendel-Arten, Linden-Blüten, Lotus, Mädesüß, Magnolie, Nana-Minze, Neroli, Orange, Palmarosa, Petit Grain, Ravensara, Rhododendron, Rosen-Arten, Sandelholz Australien, Styrax, Tagetes, Tonka-Bohne, Tuberose, Vanille, Wacholderbeere, Weihrauch, Ylang-Ylang, Zirbelkiefer.

Um im Aroma ein einladendes Portal zu bilden, benötigt man nun noch eine **Kopf-Note**, die am besten leicht flüchtig, fröhlich und inspirierend sein sollte. Ist sie gut gewählt, stimmt das Gesamtbild des Duftes. Die Kopf-Note ist wie das Tor, durch das man den Garten Ihres Duftes betreten kann. Manche Essenzen können sowohl eine Herz- als auch eine Kopf-Note darstellen, je nach Dosierung und Kombination. Eine perfekte Kopf-Note bilden: Ajowan, Anis, Bay, Bergamotte, (Berg-) Bohnenkraut, Blutorange, Cajeput, Cabreuva, Citronella, Clementine, Dillkraut, Edelraute, Eisenkraut-Arten, Estragon, Fenchel, Fichte, Ho-Blätter, Kamille *wild*, Kampfer, Kanuka, Khella, Koriander, Lemongras, Limette, Litsea, Majoran, Mandarine, Melisse *echt (officinalis)*, Melisse *indicum*, Minze-Arten, Monarde, Myrte, Nana-Minze, Neroli, Niaouli, Orange, Palmarosa, Pampelmuse, Petit Grain, Pfeffer, Pfefferminze, Pomeranze, Rosmarin, Salbei, Schinus, Spearmint, Tangerine, Tannen-Arten, Teebaum, Thymian, Weihrauch, Ysop, Zirbelkiefer, Zitrone, Zypresse.

BASIS-REZEPTUR

Ausgangsstoff ist hochprozentiger Alkohol: mindestens 80 %-iger Alkohol oder besser noch 96 %-iger Weingeist, optimalerweise in kontrolliert biologischer Qualität. Verwenden Sie auf jeden Fall unvergällten Alkohol, nicht den preiswerteren Isopropyl-Alkohol. Geben Sie nun zur jeweiligen Menge Alkohol die aus einer oder mehreren Ölen bestehende Basis-Note hinzu. Erst wenn sich die oftmals schwere oder harzige Basis-Note vollständig gelöst hat, geben Sie die Herz-Note dazu. Und ganz zum Schluss die Kopf-Note. Schreiben Sie sich das Mischverhältnis auf.

Lassen Sie den Parfüm-Ansatz nach dem Anmischen mindestens 2–4 Wochen in vollkommener Ruhe dunkel stehen und reifen. Die einzelnen Duftelemente wachsen zueinander und verbinden sich so zu ganz neuen Aromen. Um einen zarten Hauch aus kostbaren Blüten zu erhalten, können Sie die Mischung mit Hydrolaten, etwa aus Rosen- oder Orangen-Blüten, verfeinern. Je höher der wässrige Anteil ist, desto leichter setzen sich die ätherischen Öle ab. Schütteln Sie dann das fertige Parfüm vor Gebrauch.

Bevor Sie den Duft endgültig beurteilen, sollte das Parfüm noch 6 Wochen nachreifen. Sie können jederzeit weitere Duftstoffe zufügen, sollten dann das Parfüm aber weitere 6 Wochen stehen lassen.

Pflanzenporträts

In den 40 vorgestellten Pflanzenpersönlichkeiten steckt eine große Palette an Heilkräften. Informationen zu Botanik, Pflanzenkraft sowie speziell zur heilkosmetischen Wirkung laden Sie dazu ein, sich in der Natur oder auf dem eigenen Balkon näher mit unseren heimischen Kräutern und Bäumen zu beschäftigen und sie kennenzulernen. Die intensive und intuitive Beschäftigung mit den Pflanzenkräften vermittelt eine persönliche Verbindung, die sich in Ihren kosmetischen Produkte wiederfinden kann.

BÄR-LAUCH *Allium ursinum*

Blätter, Wurzel

Botanik

in schattigen Laub- und Mischwäldern; 20–40 cm hoch; Stiel lang, 3-kantig; Blätter lanzettlich; Blüte in weißen Scheindolden mit sternförmigen Blütenkronen; Blütezeit April–Juni; Sammelzeit Blätter März–Mai vor der Blüte, Samen ab Juni, Wurzel im Frühjahr oder Herbst; Pflanze duftet nach Knoblauch; Vorsicht: Blätter können mit denen des giftigen Maiglöckchens und der giftigen Herbstzeitlose oder sehr jungen Aronstabblättern verwechselt werden; wenn Sie unsicher sind, bitte in einem guten Naturführer nachschlagen (Seite 191)

Pflanzenkraft

Innerlich angewendet – als frischer Press Saft, als Pesto oder im Salat – saniert Bär-Lauch den Darm. Er lindert Störungen von Magen und Darm, die sich oft in einem unschönen Hautbild äußern. Seine entgiftenden und ausleitenden Eigenschaften unterstützen die Frühjahrskur, regen den Stoffwechsel an und reinigen die Haut. Außerdem ist er ein hervorragender Helfer bei Pilzerkrankungen der Haut.

Heilkosmetik

wird wegen des intensiven Aromas selten äußerlich angewendet – Ausnahme: als Tinktur mit ätherischem Teebaum-Öl im Fuß-Bad bei Fußpilz; regt innerlich die Durchblutung an; saniert den Darm bei (chronischen) Hautausschlägen, unreiner Haut oder Akne: anfangs kann sich das Hautbild verschlechtern, bevor die positive Wirkung eintritt; nicht in hoher Dosis bei empfindlichem Magen anwenden; in Schwangerschaft und Stillzeit niedrig dosieren; ggf. mit grüner Heilerde "puffern"

Tipp

6–8 Tropfen Tinktur oder ein paar Tropfen frischen Press-Saft auf Wasser über 4 Wochen als Kur im Frühling einnehmen. Das entgiftet nachhaltig den Körper und verbessert somit langfristig das Hautbild.

BEINWELL *Symphytum officinale*

Blüten, junge Blätter, Wurzel

Botanik

auf feuchten, nährstoffreichen Standorten; gut 1 m hoch; Blätter breit, ganzrandig, lanzettlich und borstig-behaart mit sichtbarer Mittelrippe; Blüten weiß, gelb, blau bis violett, glockenförmig und überhängend; Wurzel dick, fleischig, innen weiß und schleimig, außen schwarzbraun; Sammelzeit Blüten Mai–August, junge Blätter Juni–September, Wurzel Frühjahr oder später Herbst

Blätter rau und behaart

Pflanzenkraft

Beinwell hält zusammen, was zusammengehört, aber von außen getrennt wurde: Körperlich heilen Brüche oder Zerrungen nach Unfällen schneller, seelisch-geistig fügt er emotionale und energetische „Risse" wieder zusammen. Die Pflanze wirkt regenerierend und regt die Zellbildung an, sodass Hautverletzungen gut und schnell ausheilen. Auch Narben können durch das natürliche Allatoin mit Beinwell entstört werden.

Heilkosmetik

entzündungshemmende Tinktur im Mundwasser zum Gurgeln und zur Zahnfleisch-Pinselung (sparsam dosieren); hilft als Tinktur oder Mazerat in einer Körperlotion bei Schwangerschaftsstreifen, strafft das Bindegewebe; beruhigt im Gesichtswasser, der Maske oder Creme empfindliche, gerötete und sehr trockene Haut – genauso wirken einige Tropfen Press-Saft aus der Wurzel im Gesichtswasser; pflegt in der Handcreme beanspruchte Hände; mildert in der Gesichtsmaske Akne-Narben; wichtig: innerlich und auf beschädigter Haut aufgrund der Pyrrolizidinalkaloiden nur bei genauer Sachkenntnis; nicht überdosieren oder auf Dauer anwenden; in der Schwangerschaft und Stillzeit nicht innerlich; nicht für Kinder unter einem Jahr

Tipp

Wurzel nicht schälen, da sonst wichtige Inhaltsstoffe verloren gehen. Besser die Erde mit einer Wurzelbürste entfernen, mit etwas Wasser nachspülen und sofort abtrocknen. Der Wurzelbrei kann bei Akne direkt aufgetragen werden. Frisch geerntete Blätter eignen sich gut als aufbauender Badezusatz.

BIRKE, *Betula pendula, B. alba*

Blüten, Blätter, Knospen, Saft

Botanik

auf trockenen Böden; Stamm elastisch, bis 35 m hoch, Rinde mit weißen Querstreifen; Blätter 3-eckig, wechselständig, am Rand doppelt gesägt, leicht bitterer, säuerlicher Geschmack; Blüten einhäusig; Sammelzeit Blüten März–Mai, Blätter Mai–Juni, Knospen und Saft März–Mai

Pflanzenkraft

Bereits seit dem Mittelalter wird die Birke als Schönheitsmittel verwendet. Ihre anregenden und ausleitenden Eigenschaften wirken wie ein Jungbrunnen: Sie aktiviert gerade nach langen Wintern Lebenskraft und Lebensfreude und bringt die Körpersäfte wieder in Fluss. Birken-Saft oder -Tee lindert Steinleiden und Nierengrieß, die oft ein unschönes und fahles Hautbild verursachen.

Heilkosmetik

lindert äußerlich als Auflage oder Badezusatz (aus Blatt- Tee oder Mazerat) und innerlich als Tee oder Saft ein unreines Hautbild, Ausschläge oder Flechten; als Mazerat im Körper-Öl oder Badezusatz strafft Birke das Bindegewebe, ebenso als ätherisches Öl bei Cellulite; reinigt als Waschung mit Tee empfindliche, unreine Haut und sorgt für einen rosigen Teint; das Mazerat im Shampoo oder Haarwasser wirkt gegen Schuppen, unterstützend bei Haarausfall und juckende Kopfhaut; kräftigt im Haarwasser mittels eines stark verdünnten Essig-Auszugs den Haarboden; strafft als Frischpflanzen-Mazerat in der Augen-Creme erste kleine Fältchen; Tee nicht heiß aufkochen; nicht für Säuglinge; keine innerliche Anwendung bei Ödemen

Tipp

Aktivierende Frühjahrskur: über 2–4 Wochen jeden Morgen eine Handvoll junger Blätter mit einem Entsafter auspressen und mit Wasser oder Saft verdünnt trinken. Zur Ausleitung von Toxinen auch Blätter von Bär-Lauch und Brennnessel dazugeben.

BRENNNESSEL, *Urtica dioica, U. urens*

Blätter, Wurzeln und Samen

Botanik

an beinahe jedem Standort; bis zu 1,50 m hoch; Stängel dunkelgrün, 4-kantig; Blätter länglich grob-gesägt und kreuzgegenständig, bei kleinen Pflanzen eher eiförmig, bei großen lanzettlich; Brennhaare an Stängel und Blattwerk; Pflanze 2-häusig; Blüten grün, klein, unscheinbar, in Rispen; Wurzel winterhart; Blütezeit Juni–September; Sammelzeit von Blättern und Wurzeln ab März

Pflanzenkraft

Schon seit dem Mittelalter ist die nährende und heilende Kraft der Brennnessel bekannt. Sie vitalisiert den Körper, regt bei stagnierenden Lebenskräften den Stoffwechsel, sowie die Nierenfunktion an und bringt das Körpersystem in Fluss. Die aktivierenden, regenerierenden Eigenschaften bauen bei und Erschöpfung wieder auf.

Heilkosmetik

wärmt und belebt im Fußbad kalte Füße; strafft als Frischpflanzen-Mazerat im Massage-Öl das Bindegewebe; lindert in geeigneter Kombination (z.B. zu Kampfer und Rosmarin) Muskelkater, Muskelschmerzen und rheumatische Beschwerden; reinigt als Peeling (getrocknet und pulverisiert auf feinem Meersalz) die Haut; verbessert innerlich als Tee oder Tinktur bzw. als Waschung unreine Haut; hilft als Auflage aus Frischpflanzenbrei bei Furunkeln; sorgt als Tee-Kur für einen rosigen Teint; vermindert im Haarwasser oder Shampoo Schuppenbildung; hilft als Haar-Öl bei verschorfter Kopfhaut; stärkt im Haar-Wasser (im Apfel-Essig-Auszug) die Kopfhaut; Infus oder Dekokt als Badezusatz belebt und fördert die Durchblutung der Haut; nach der Einnahme kann es sehr selten leichte Magen-Darm-Beschwerden geben; Nesselgift brennt auf der Haut und kann eine Nesselsucht (Urtikaria) auslösen; nicht in hoher Dosis, zur Dauermedikation oder bei Ödemen anwenden

Blätter mit Brennhaaren besetzt

Tipp

Bindet nicht nur Giftstoffe im menschlichen Körper, sondern auch aus der Umwelt: Daher nach Regen oder Regenperioden mindestens drei Tage mit der Ernte warten.

GEWÖHNLICHER EFEU *Hedera helix*

Blätter der nicht früchtetragenden Stängel

Botanik

ausdauernde Kletterpflanze an Hauswänden und Bäumen; Blätter langgestielt, rautenförmig und 3–5-lappig, bei älteren Pflanzen ungelappt und eiförmig; Doldenblüten langgestielt und kugelig, ab März; Blüten unscheinbar, grün-gelb und 5-zählig; Blütezeit September bis Winter; Sammelzeit Blätter ab März / April: nur 3- bis 5-lappige Blätter von nicht fruchttragenden Stängeln nehmen

Pflanzenkraft

Efeu besitzt stabilisierende, klärende und regenerative Kräfte. Bekannt sind die Blätter als Hustensaft oder – aus der Volksmedizin – bei rheumatischen Beschwerden. Efeu galt bereits bei den alten Griechen als Zeichen der Treue und kann über 400 Jahre alt werden.

Heilkosmetik

lindert als Tee im Fußbad Frostbeulen; stärkt als Mazerat das Bindegewebe; reinigt im Tonikum oder als Tee in der Heilerde-Maske unreine Haut und Akne; verfeinert als Waschung die Hautporen; bleicht als Dekokt Sommersprossen und Hautflecken (1:1 mit frischem Zitronensaft); reinigt als Zusatz in der Reinigungslotion die Haut von Schadstoffen und Unreinheiten (mit Thymian); als Öl-Mazerat zur Behandlung von Bindegewebsschwäche; keine Daueranwendung; sparsam dosieren: Überdosis wirkt als Zellgift; Inhaltsstoffe sind leichter alkohol- als wasserlöslich

Tipp

Wer wegen der giftigen Inhaltsstoffe in der Pflanze nicht selbst sammeln möchte, kann problemlos auf Fertigpräparate oder Rohstoffe aus dem Handel (S. 192) zurückgreifen. Hohe Dosen sollten vermieden werden. Die Früchte werden nicht verwendet.

EHRENPREIS *Veronica officinalis, V. arvensis, V. chamaedrys*

ganze Pflanze samt Blüte

Blätter eiförmig, gezähnt

Botanik

gleichmäßig feuchte Böden; 8–20 cm hoch; Stängel niederliegend, behaart; Blätter gegenständig, eiförmig und breit-lanzettlich mit feingezahntem Rand; Blüten weiß bis lila, gestielt; Kelche behaart, 4-teilig; Frucht herzförmig; Blüte- und Sammelzeit Mai–August

Pflanzenkraft

Der Ehrenpreis ist eine heute oftmals unterschätzte, teils sogar vergessene, uralte Heilpflanze mit einem breiten Wirkspektrum. Er ist zwar sanft, aber aufgrund seiner antiallergenen und reinigenden Eigenschaften zugleich kraftvoll. Alte Schriften bezeichnen ihn sogar als „Kraut wider die Pest".

Heilkosmetik

pflegt und beruhigt als Mazerat oder Tinktur in der Creme oder als Waschung entzündete, empfindliche und dennoch unreine Haut; antiallergene Wirkung als wässriger Auszug in Reinigungslotion, Creme, Gesichtswasser oder Maske; klärt als Maske aus frischem Pflanzenbrei das Hautbild; hemmt Entzündungen und schützt im Mundwasser die Schleimhaut und das Zahnfleisch; kräftigendes Bad aus der frischen Pflanze bei allergischer Haut, auch gut geeignet für Kinder

Tipp

Ehrenpreis eignet sich auch in der Wildkräuter-Küche durch seine reinigenden und tonisierenden Eigenschaften. Diese machen sich im Hautbild bemerkbar und können durch die 2-wöchige Einnahme (Tinktur/Tee) verstärkt werden.

ECHTER EIBISCH *Althaea officinalis*

Wurzel

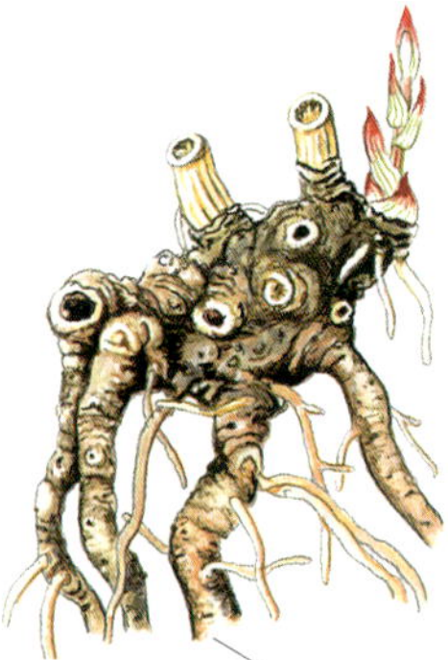

Wurzel fleischig, mit Schleimstoffen

Botanik

auf tiefgründigen, sauren Böden in Bauerngärten oder an Waldrändern, auch an Schuttplätzen; bis zu 2 m hoch; Wurzel weiß, fleischig; Stängel kräftig und aufrecht; Blätter zunächst glatt und rund, später samtig und 3-lappig; Blüten zahlreich, weiß bis rötlich mit vielspaltigem Kelch; Blütezeit Juli–August; Sammelzeit Wurzel ab Oktober; aus Samen leicht zu ziehen; ausdauernd

Pflanzenkraft

Die majestätische und gleichzeitig anmutige Pflanze enthält Membranschleim und Stärke. Durch seine schleimbildenden Eigenschaften ist Eibisch in der Herstellung von Naturkosmetik unersetzlich. Die Wurzel der Pflanze besitzt die Fähigkeit, mit Feuchtigkeit zu versorgen. Auch für die Schleimhäute hilfreich.

Heilkosmetik

Wurzel-Tinktur wirkt bei Reizungen der Schleimhaut im Mundwasser entzündungshemmend; spendet im Gesichtswasser und in Cremes Feuchtigkeit bei unreiner oder trockener, sensibler bis allergischer Haut; beruhigt im Shampoo juckende, nervöse und gereizte Kopfhaut; lindert mit Schwarztee als Kompresse Augen-Entzündungen; hilft als Lotion, Zäpfchen oder Öl-Mazerat bei trockener Scheiden-Schleimhaut; beruhigt nervöse Haut im Gesichtswasser oder in Creme; unterstützt als wässrige Komponente oder Infus Körper-Lotionen für anspruchsvolle Haut; kann bei innerlicher Anwendung die Aufnahme anderer Arzneimittel verzögern

Tipp

Wurzeln bei feuchtem Wetter im Backofen auf niedrigster Stufe (42°C) trocknen, da der hohe Wassergehalt sonst den Befall mit Schimmelpilzen begünstigt. Alternativ die geschnittene Wurzel an einem dunklen, warmen Ort zügig trocknen.

EICHE *Quercus petraea, Q. robur*

Blätter, Rinde, Eicheln

Botanik

stehen gerne auf Kreuzungspunkten von Wasseradern; bis zu 58 m hoch; Rinde rissig, graubraun; Äste knorrig; Blätter wechselständig, verkehrt-eiförmig, buchtig gelappt; Triebe zu Johanni (Ende Juni); Blütezeit April–Juni; Sammelzeit Blätter und Rinde Frühjahr oder Herbst, Eicheln ab September

Pflanzenkraft

Die majestätischen, starken Hartholzbäume symbolisieren Kraft, Standfestigkeit und Männlichkeit. Die Germanen weihten sie ihrem Gott Donar. Eiche wirkt schützend, kräftigend aber auch strukturierend. Bei der Behandlung von Hämorrhoiden, Analfissuren und Afterfisteln im Sitzbad ist sie seit Jahrhunderten bekannt.

Heilkosmetik

desodoriert im Fußbad; wirkt im Fußbad oder als Salbe gegen Frostbeulen; desinfiziert als Infus im Mundwasser an Myrrhen-Tinktur bei Zahnfleisch- und Schleimhaut-Entzündungen; lindert als Voll- oder Teilbad Schuppenflechte (pro Vollbad 2 l Kaltauszug der Eicheln, Blätter oder Rinde über Nacht ansetzen); Infus verringert als Waschung, Wickel, Bad oder Auflage nervösen Juckreiz; hilft im Gesichtswasser bei Couperose und entzündlichen Hautrötungen mit Pusteln; Kaltauszug der Blätter, Rinde oder Eicheln für alle Anwendungen 8 Stunden ausziehen lassen; nicht bei großflächigen Ekzemen; ohne Sachkenntnis nicht innerlich anwenden (Dosis innerlich für Erwachsene höchstens 3 g); für Säuglinge nicht geeignet

♂ Blütenkätzchen

Tipp

Eine ähnliche Wirkung besitzen Kaltauszüge der milder wirkenden Buche (Blätter) und der salicylhaltigen, schmerzlindernden Weide (Rinde): Alle drei Pflanzen sind in dieser Anwendungsform gut in Cremes bei Couperose und geröteter Haut geeignet. Sie können sie dazu auch als Kompresse auf chlorfreier Watte als Teeauszug auflegen.

ENGELWURZ, ANGELIKA

Angelica archangelica, A. officinalis, A. sylvestris

Wurzel, Samen, Blätter

Botanik

auf feuchten Waldböden; 2-jährig; bis zu 2 m hoch; Wurzel tiefreichend; Stängel hohle, runde und gerillte Röhren, bläulich bis rot; Äste verzweigt; Blattwerk entspringt bauchiger Scheide; Blätter im unteren Drittel groß und 2–3-fach gefiedert, im oberen Drittel klein und 1-fach gefiedert; Blüten kugelförmig, grünlich bis weiß; Blütezeit Juli–August; Sammelzeit Wurzel und Samen September bis Anfang November, Blätter im ersten Jahr ab Juni, im zweiten Jahr ab Mai

Pflanzenkraft

Die Engelwurz wirkt erdend, zentrierend, reinigend und kräftigend. Ihre kraftvolle Wirkung wird bereits im Namen deutlich. Pestärzte trugen zum Schutz ein Stück der Wurzel um den Hals. Angelika kann als Sinnbild der Verbundenheit mit den Kräften der Natur angesehen werden.

Heilkosmetik

durchblutet und wärmt als Tinktur im Fußbad oder in der Salbe kalte Füße; fördert im Massage-Öl und -Balsam die Durchblutung bei schmerzenden Gelenken oder Gliedern und bei Bindegewebsschwäche; wärmt und belebt im Bade-Öl; wirkt im Massage-Öl vor der Menstruation krampflösend; kräftigt den Haarboden als Tinktur im Shampoo; nicht bei hohem Blutdruck, in der Schwangerschaft, in der Stillzeit und für Kinder unter zehn Jahren; sparsam dosieren; frischer Blattsaft kann eine „Bade-Dermatitis“ auslösen, photosensibilisierend als ätherisches Öl

Tipp

Zum Trocknen Wurzelstücke der Länge nach halbieren. Dann mit starker Nadel ein Loch stechen. Schließlich an einem gut durchlüfteten, warmen Ort auf Schnur aufziehen und trocknen.

FENCHEL *Foeniculum vulgare*

Samen

Botanik

auf lockeren, tiefgründigen, nährstoff- und kalkhaltigen Böden in sonniger Lage; 2-jährig bis ausdauernd; 0,6–2 m hoch; Stängel feingestreift mit vielen Ästchen, markgefüllt; Blätter fadendünn, aus lang gezogenen Blattscheiden, doppelt gefiedert blau- oder hellgrün; Blütendolden groß, vielstrahlig, hüllenlos, grün-gelb; Frucht länglich gerippt; Samen länglich, gelb-braun bis grün mit 5 feinen Rillen; Blütezeit Juli bis Anfang Oktober; Sammelzeit Samenstände vor Frostbeginn (bevor sie braun werden); Vorsicht: Verwechslung mit sehr giftigen Schierlingsarten (Gefleckter und Wasser-Schierling) möglich; daher Anbau im Garten oder auf dem Balkon sinnvoll

Pflanzenkraft

Eine bereits bei den alten Ägyptern, den Griechen und den Römern bekannte Heilpflanze, die bei uns als Gemüse- und Gewürzpflanze bekannt ist. Der warme Duft des Fenchels wirkt einhüllend und schützend. Er entfaltet im ätherischen Öl seine ganze Heilkraft. Fenchel wirkt reizmildernd und krampflösend auf allen Ebenen – körperlich wie emotional.

Heilkosmetik

ein wässriger Auszug der Samen beruhigt in der Augen-Creme; unterstützt innerlich als Tee die Heilung nervöser Haut und lindert allergische Hautreaktionen; entspannt und beruhigt als Mazerat nervöse, gerötete und irritierte Haut; löst Bauch- und Menstruations- Krämpfe und entspannt als Öl-Mazerat oder ätherisches Öl im Massage-Öl; als Tee-Auszug guter Badezusatz für Kinder; Fenchel-Tee ist aufgrund seiner Eigenschaft, Gifte zu binden, nicht als Alltagsgetränk geeignet; für Schwangere höchstens 1 TL Samen pro Tag über maximal 2 Wochen

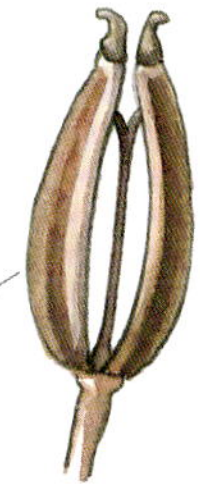

Samen mit 5 feinen Rillen

Tipp

Die Samen immer frisch im Mörser aufbrechen, damit sie ihren vollen Wirkstoffgehalt abgeben. Statt eines Mazerats können Sie auch das in Oliven-Öl verdünnte ätherische Öl verwenden. In Form von Tee als Badezusatz auch emotional beruhigend, gerade bei Kindern.

GEWÖHNLICHE FICHTE *Picea abies*

junge Triebe, Harz

Botanik

überwiegend im Gebirge und in Bergwäldern bis zur Waldgrenze, in der Ebene vielerorts als Monokultur angepflanzt; bis zu 60 m hoch; schlanke Pyramidenform; Stamm gerade; flach wurzelnd; Rinde glatt und rot-braun, später schuppig und grau-braun; Nadeln 4-kantig, spitz zulaufend, glänzend grün, 1-häusig, wachsen rings um die Zweige; Blüten rot-braun; Früchte hängende Zapfen; Blütezeit ab April; Sammelzeit Triebe ab Mai, Harz ab Juli

Pflanzenkraft

Die Triebe enthalten Vitamin C und bis zu 20 Prozent ätherisches Öl sowie Terpentin, was die Atemwege werden durch das ätherische Öl unterstützt und die Atmung vertieft. Im Harz sind ebenso Wirkstoffe gespeichert. Die Fichte symbolisiert die kraft- und hingebungsvolle Weiblichkeit und Mütterlichkeit. Sie wirkt aufrichtend, stärkend und unterstützt die Flexibilität.

Heilkosmetik

regeneriert und kräftigt als Fuß-Balsam müde Füße und Beine; unterstützt die Durchblutung der Haut als Badezusatz; Mazerat und / oder ätherisches Öl wirkt im Körperpflege-Mittel für ältere Menschen durchblutungsfördernd und hält das Gewebe elastisch; entspannt als Bade-Öl die glatte Muskulatur nach getaner Arbeit, lindert Muskelschmerzen, rheumatische Beschwerden und akute Gelenk- und Gliederschmerzen; kräftigt die Atemwege und unterstützt als ätherisches Öl oder als starker Tee-Aufguss in der Sauna die Entgiftung; Kauen der jungen Triebe erfrischt den Atem; Überdosis des ätherischen Öls bei innerlicher Anwendung kann zu Erbrechen, Schäden am Zentralen Nervensystem und zu Nierenreizung führen

Tipp

Tannen und Kiefern zeigen eine ähnliche Wirkung und können gut miteinander und mit der Fichte kombiniert werden. Statt eines Mazerats eignet sich auch ätherisches Öl in Oliven-Öl.

GÄNSE-FINGERKRAUT *Potentilla anserina*

Blätter

Blätter oben grün, unten grau bis silbern

Botanik

an Bachläufen und auf feuchten Gartenböden; bis zu 20 cm hoch; Ausläufer bis zu 90 cm; Blätter weich, unpaarig gefiedert und gezähnt, unten grau, oben grün; Blüten gelb, 5-blättrig, strahlig angeordnet, behaart, sitzen einzeln in den Blattachseln auf langen Blütenstielen; Früchte braune Nüsse; Blütezeit ab Juni; Sammelzeit Blätter über die ganze Vegetationsperiode

Pflanzenkraft

Alte Heilpflanze, die bei Magen-Darm- und Menstruationsbeschwerden eingesetzt wird und sich gerade für Ungeübte eignet. Gänsefingerkraut ist eine stärkende, schützende, zugleich aber sehr milde und krampflösende Pflanze. Sie wirkt im Vergleich zu Blutwurz milder und schmeckt etwas angenehmer.

Heilkosmetik

bei Couperose als wässriger Auszug zur Waschung oder in der Creme; unterstützt die reinigende Wirkung in Lotionen; behandelt unreine, empfindliche bis allergische und gerötete Haut (durch Kompressen); wirkt als Tinktur im Mundwasser entzündungshemmend und festigend; als Körper-Öl, Badezusatz oder innerlich als Tee oder Tinktur krampflösend bei leichteren Menstruationsbeschwerden; Vorsicht bei Reizmagen: keine Überdosis einnehmen

Tipp

Junge Blätter können zur Stärkung des Zahnfleisches gekaut werden. Alternativ können Sie das Zahnfleisch auch direkt mit der Tinktur bepinseln.

GEWÖHNLICHER FRAUENMANTEL

Alchemilla vulgaris

Blätter

Botanik

auf feuchten Wiesen mit lehmigen, tiefgründigen Böden und an Bachrändern; 10–40 cm hoch; Blattkontur mantelförmig, 7–11 Lappen, Blattränder gezähnt; Blüten gelb-grün, sehr klein, unauffällig und engstehend in Rispen; Blütezeit ab Mai; Sammelzeit Blätter März–Oktober; Duft fast neutral; Geschmack herb bis bitter

Pflanzenkraft

Frauenmantel klärt und regeneriert vor allem den weiblichen Körper und ist als Frauen- und Hebammen-Pflanze seit Jahrtausenden in Gebrauch. Bereits seit dem Mittelalter ist die Pflanze als Schönheitsmittel bekannt: Waschungen mit dem Tau der Blätter sollen die jugendliche Schönheit unterstreichen und Sommersprossen bleichen. Der Tee hilft, wenn uns etwas emotional auf den Magen schlägt (z.B. an Fenchel).

Blätter mit typischer Form eines Mantels

Heilkosmetik

besänftigt und beruhigt entzündete, unreine Haut; entzündungshemmend und blutstillend im Mundwasser; reguliert als Waschung oder Auflage aus Infus oder Dekokt den Teint bei kleineren Hautunreinheiten, Pubertätsakne und fleckiger Altershaut; mildert oder beugt als Mazerat im Massage-Öl oder Bad Schwangerschaftsstreifen vor und stärkt das Bindegewebe; beruhigt die Augen als kühle Auflage oder in einer Creme; kräftigt in einer Auskochung mit Schachtelhalm die zarten Augenlider; mildert durch seine straffende Eigenschaft als Gel Faltenbildung; straffendes Brust-Pflege-Öl, zum Beispiel während der Stillzeit; keine Einschränkungen

Tipp

Der „Tau" ist botanisch gesehen ein Sekret der Pflanze (Guttationstropfen). Er ist sozusagen ein natürliches heilkosmetisches Produkt, das wie eine feinstoffliche Essenz eingesetzt werden kann.

GÄNSEBLÜMCHEN *Bellis perennis*

Blüten, Blätter

Botanik

auf Wiesen, Weiden oder Parkrasen verbreitet; ausdauernd; Wurzel innen fasrig; Stängel bis zu 20 cm hoch; Blätter grün, spatelförmig, rosettenartig angeordnet; Zungenblüten weiß, gelegentlich rosa-rötlich überlaufend, 2-reihig, Blütenköpfchen gelb; Blütenstand körbchenförmig aus vielen Einzelblüten; Blüte- und Sammelzeit fast ganzjährig bis in den November hinein

Pflanzenkraft

Im Anschluss an eine Geburt hilft das Gänseblümchen der Mutter bei der Wundheilung nach einem Dammriss oder -schnitt und reguliert auch den emotional-seelischen Haushalt. Kindern hilft das ausdauernde Blümchen bei Husten oder kleinen Entzündungen. Bei Wunden oder Insektenstichen kann man einfach eine Blüte gemeinsam mit Spitzwegerich zerkauen und auf die jeweilige Stelle legen.

Heilkosmetik

lindert im Gesichtswasser, der Reinigungslotion oder in der Creme im öligen oder wässrigen Auszug Juckreiz und Hautausschläge; bei Blutschwämmchen täglich eine zerdrückte Blüte auflegen; pflegt und behandelt als Creme, Lotion oder in der Gesichtsmaske entzündete , sensible und unreine Haut; als Tinktur kräftigend und festigend für müde Altershaut; Bad mit Infus oder mit 20–30 Tropfen Tinktur wirkt reinigend; bei Korbblütler-Allergie vorsichtig ausprobieren

Tipp

Für eine reinigende Gesichtsmaske ein paar Tropfen Tinktur auf Heil-Erde geben oder einfach die frischen Blüten pürieren und auftragen. Bei unreiner Haut im Pickeltupfer hilfreich.

GEWÖHNLICHER GUNDERMANN *Glechoma hederacea*

Kraut

Blätter nierenförmig, fein behaart

Botanik

in sonnigen bis schattigen Lagen an Waldrändern, Zäunen, Mauern, Bachrändern und in Gärten; Stängel bis zu 65 cm lang, 4-kantig, feinbehaart, kreuzgegenständig und am Boden liegend, zur Blüte aufgestellt; Blätter nieren- bis herzförmig, gestielt mit gekerbtem Rand; Blüten blattachselständig mit 6-blütigen Scheinquirlen, blau bis rötlich mit dunklem Fleck auf der Unterlippe; Wurzeln knotig, teils lila gefärbt; Blütezeit März–August; Sammelzeit Kraut März–Juli; typischer, aromatischer Duft; bitterer Geschmack

Pflanzenkraft

Bereits die Römer und Germanen kannten die wundheilende und wurmtreibende Heilpflanze. Tee oder Tinktur leisten bei der Ausleitung von Schwermetallen gute Dienste. Belastungen durch diese Toxine sind oftmals auch einem fahlen oder geröteten Hautbild anzusehen.

Heilkosmetik

als Frischpflanzen-Mazerat schützend in der Fuß-Pflege; als wässriger Auszug oder Tinktur in einer Lotion oder Creme reinigend für jeden Hauttyp; als Hydrolat in Creme oder Lotion eingearbeitet entzündungshemmend bei unreiner und entzündeter Haut; unterstützt als Waschung die Wundheilung eiternder, hartnäckiger Wunden; das Mazerat nimmt sehr trockener Haut das Spannungsgefühl, hierfür auf Avocado-Öl ansetzen; beruhigt als Reinigungsgel, Gesichtswasser und Gesichtsmaske entzündliche Prozesse empfindlicher Haut; wirkt mit Heil-Erde angerührt bei unreiner, sensibler Haut; klärt als Tee-Kur mit Thymian und Veilchen-Blüten angereichert das Hautbild oder als Badezusatz bei Neigung zu Pickeln und Pusteln auf dem Rücken; Balsam aus Mazerat schützt trockene Lippen, die zu Entzündungen neigen; keine Einschränkungen

Tipp

Ein frischer Trunk unterstützt die Hautreinigung von innen heraus: Dazu 1 Handvoll frische Blätter mit gutem Wasser mixen. Für den Geschmack eventuell einen Apfel mitpürieren.

HIMBEERE *Rubus idaeus*

Blätter

Botanik

auf Waldlichtungen, an Waldrändern oder -schlägen; mehrjähriger Strauch; bis zu 2 m Höhe; Ruten lang, mit Stacheln besetzt; Blätter gestielt, unpaarig gefiedert, 3-, 5- oder 7-fach gezähnt, oben grün, unten weiß und filzig, wachsen wechselständig aus Sprossachsen; Blüten weiß, zwittrig; radiärsymmetrisch, 5-zählig; Blütezeit ab Mai; rote Beeren ab Juni; Sammelzeit Blätter ab April

Pflanzenkraft

Die Blätter ergeben gerade im Winter einen wohlschmeckenden und nährenden Haustee für jeden Tag. Dieser Tee kann täglich und ohne Gefahr auch in hoher Dosierung getrunken werden, um den Körper in dieser Jahreszeit mit Vital- und Mineralstoffen zu versorgen. Für Kinder kann man ihn mit Stevia oder Honig und Zitronensaft abrunden.

Heilkosmetik

bei Juckreiz eignen sich als Puder und Badezusatz äußerlich die getrockneten Blätter an weißem Ton, zusätzlich innerlich der Tee; mild wirksam ist ein wässriger Auszug bei Couperose; ein starker Blätter-Infus hilft im Mundwasser bei Schleimhaut-Entzündungen, wirkt als Tinktur im Rasierwasser entzündungshemmend; eignet sich auch zur seifenfreien Waschung von rissiger, geröteter, entzündeter Haut; stärkt und kräftigt als Tinktur, Infus oder im Shampoo den Haarboden und das Haar; verleiht als Dekokt zur Haarspülung dem Haar mehr Glanz; keine Einschränkungen

Tipp

Eine Maske aus pürierten Blättern sowie Früchten belebt die müde, graue und fahle Gesichtshaut. Zusätzlich können Sie unterstützend Himbeer-Tee trinken oder Himbeer(-Blätter) in einen Smoothie geben.

GEWÖHNLICHES HIRTENTÄSCHEL

Capsella bursa-pastoris

Kraut

Botanik

an Schuttplätzen, Acker- sowie Wegrändern, auch zwischen Pflastersteinen; 1–2 jährige, anspruchslose Pflanze; bis zu 50 cm hoch; Stängel aufrecht, fein gerillt, mit Blattrosetten; Blätter am Grund geteilt und fiederspaltig, am Stängel umfassend und fein behaart; Blüten ganzjährig unscheinbar, weiß; Blütezeit ab Januar; Sammelzeit Kraut Mai bis Juni

Pflanzenkraft

Die Früchte sind wie kleine Herzchen geformt, was die Pflanze gut vom Acker-Hellerkraut unterscheidet. Sie ist eher unscheinbar, trägt aber eine erstaunliche Heilkraft in sich und hat sich in der Geburtsheilkunde und in der Wundheilung etabliert. Es lohnt sich, immer ein Fläschchen der Tinktur bereitstehen zu haben.

Heilkosmetik

wirkt bei großporiger Haut im Gesichtswasser adstringierend und blutstillend im Rasierwasser; der wässrige Auszug ist in der Augen-Creme oder der Gesichtspflege sanft straffend; lindernd im Deo, auch bei frisch rasierter und dadurch geröteter Haut; eine Auflage der frischen, gequetschten Pflanze hilft bei Couperose und Hautrötungen; stärkt als Dekokt an Beinwell-Öl und ätherischen Zitrus-Ölen im Wickel das Bindegewebe; die Tinktur im Mundwasser festigt bei regelmäßiger Anwendung das Zahnfleisch und mildert Zahnfleischbluten und Parodontose; keine Einschränkungen

Tipp

Hirtentäschel und Acker-Schachtelhalm gemeinsam kalt ausziehen und dann 15 Minuten abkochen: Der Auszug strafft spürbar bei regelmäßiger Anwendung als Wickel die Haut.

SCHWARZER HOLUNDER *Sambucus nigra*

Wurzelrinde, Blätter, Blüten, Beeren

Botanik

in sonnigen Lagen an Häusern, hellen Waldlichtungen, Schuttplätzen; Baum oder Strauch; bis zu 9 m hoch; Rinde rissig, braun-grau und warzig punktiert; Mark leicht korkartig; Blätter gegenständig, dunkelgrün, eiförmig, am Rand fein gesägt und lang zugespitzt; Endblättchen größer als seitliche Blätter; Blüten cremefarben mit hellgelbem Blütenstaub; flache Trugdolden; Beeren dunkellila bis schwarz; Blütezeit ab Mai; Sammelzeit Wurzelrinde im zeitigen Frühjahr oder Herbst, Blätter ab Mai, Blüten ab Juli, Beeren August-September; Blüte duftet süßlich-blumig, schmeckt lieblich, leicht bitterer Nachgeschmack; Beeren gekocht essen, da sie sonst Übelkeit und Durchfall verursachen; eine Überdosis von Blättern, Rinde oder Wurzeln kann Nierenprobleme und Durchfall verursachen

Beeren-Stand neigt sich nach unten

Rinde warzig punktiert

Pflanzenkraft

Eine uralte Heil-, Haus-, Hof- und Schutzpflanze, die schon in der Antike Hippokrates als harntreibendes und abführendes Heilmittel empfahl. Im Mittelalter wurde die von unten nach oben geschabte Rinde als Brechmittel verwendet, während die von oben nach unten geschabte Rinde abführend wirken soll.

Heilkosmetik

Blüten entspannen und harmonisieren im Badezusatz, auch bei empfindlicher Haut; das Blüten-Mazerat beruhigt im Körper-Öl und der Hand-Creme; das kaltgepresste Samen-Öl als Basis in nährender und reinigender Creme für unreine oder reifere Haut; Watte-Auflage aus Wurzelrinden-Mazerat in Schwarztee bei Neigung zu geplatzten Äderchen.

Tipp

Der Beeren-Saft eignet sich gut in Henna zum Färben der Haare. Die gequetschten Beeren färben Bade-Salz und Seife lila und setzen so schöne bunte, leider nicht UV-beständige Akzente.

TÜPFEL-JOHANNISKRAUT *Hypericum perforatum*

Blüten

Blüten färben beim Zerreiben die Finger rot

Botanik

auf Kalkböden in sonnigen Laub- und Mischwäldern, an Waldrändern, Böschungen, auf Heide- und Schuttplätzen; bis zu 1 m hoch; Wurzelstock holzig verästelt feste, markige Stängel; Blätter gegenständig, buschig verzweigt, ganzrandig, eirund und ungestielt; Blüten strahlend gelb, 5-zählig mit braunen Staubblättern (Trugdolde); Frucht Samenkapsel; Blütezeit ab Juni; Sammelzeit Blüten Juni–Herbst; Blüten schmecken herb und bitter

Pflanzenkraft

Die Germanen sahen im roten Saft der Blüten das Blut ihres Sonnengottes Baldur. Das Christentum übernahm diesen Glauben und übertrug ihn auf das Blut Jesu Christi. Johanniskraut ist eine mythologische Schutzpflanze mit antidepressiver Wirkung, die wir uns heute noch zu Nutze machen. Die Pflanze speichert die Kraft der Sonne und des Lichtes und nährt so den Selbstschutz.

Heilkosmetik

regeneriert als Mazerat sehr trockene, rissige und spröde Haut; pflegt und regeneriert als Creme stark angegriffene Hände; das Mazerat an Lavendel-Öl als After-Sun-Pflege; lindert und beruhigt als Öl-Wickel, Creme oder Badezusatz Ausschläge; Tee-Auszug als Badezusatz bei sensibler Haut schutzbedürftiger Personen, eventuell mit feinstofflicher Kletten-Essenz; als Mazerat in ölhaltiger Reinigungslotion zum Abschminken; gutes Massageöl zur Entspannung der Rücken- und Nackenmuskulatur wirkt photosensibilisierend und kann die Wirkung anderer Arzneimittel vermindern (wie die der Anti-Babypille); in der Schwangerschaft nicht hoch dosieren und dauerhaft anwenden

Tipp

Das Mazerat beruhigt im Shampoo juckende Kopfhaut und spendet als ölige Haar-Kur sehr trockenem Haar Feuchtigkeit. Dazu vor der Haarwäsche auftragen und 1 Stunde einwirken lassen.

ECHTE KAMILLE *Matricaria recutita*

Blüten

Botanik

auf kalkarmen Lehmböden von Äckern, Wegrändern, Brachen; 1-jährig; 20–80 cm hoch; Stängel ästig verbreitert, aufrecht und glatt; Blätter doppelt fiederspaltig, grün-gelb; Röhrenblüten endständig, gold-gelb mit weißen Strahlenblättern, die nachts, bei Regen und nach der Befruchtung eng an Röhrenblüten anliegen; Fruchtboden hohl und gewölbt; Duft „klassisch"; Geschmack herb, etwas bitter; Blüte- und Sammelzeit Mai–September, bei Sonne zwischen 11.00 und 11.30 Uhr

Pflanzenkraft

Die Kamille ist das strahlende Kind des Lichts und steht für Mühelosigkeit und ein unbedarftes Gemüt. Die vielseitige Pflanze schützt überall dort, wo Überreizungen entstanden sind und irgendetwas zu viel ist. Die warme Blüte nimmt effektiv Schmerz und Krämpfe, wirkt schützend und heilend. Senkt die Wirksamkeit von homöopathischen Behandlungen, kann selten Kontaktallergie hervorrufen, daher bei Allergie auf Korbblütler vorsichtig ausprobieren.

Heilkosmetik

wirkt als Bade- oder Körper-Öl reizmildernd bei Hautausschlägen; beruhigt als Creme oder Gesichtswasser nervöse, gerötete und empfindliche Haut; lindert im Mundwasser Schleimhaut und Zahnfleisch-Reizungen; als warme Auflage mit konzentriertem Tee (als Wickel) bereitet es die Haut bei geschlossenen Pusteln unter der Haut für die (professionelle) Weiterbehandlung vor; in Heil-Erde mit ätherischem Myrten-Öl als Gesichtsmaske für sensible, aber unreine Haut; als starker Tee eine mild aufhellende Haarpflege für blondes Haar; pflegt als Haarmaske aus pulverisierter Blüte an neutralem Henna (1:1); Augenauflagen nur mit durch Tuch gefilterten Auszügen

Tipp

Die Echte Kamille ist durch das typische Aroma gut von anderen Kamillen-Arten zu unterscheiden. In der Sonne gesammelte, bereits vollständig geöffnete Blütenköpfchen besitzen mehr als die doppelte Heilkraft. Die Pflanzen nicht berühren, während sie trocknen.

KLETTE *Arctium lappa, A. tomentosum*

Wurzeln

Botanik

2-jährig; bis zu 1,60 m hoch; Pfahlwurzel kräftig, bis zu 60 cm lang; Stängel rötlich, markig gefüllt; Blätter oval bis herzförmig, Unterseite fein behaart; im ersten Jahr Blattrosette; im zweiten Jahr ab Juli runde, lockere, dolden-traubige, lilafarbene Blüten mit grünen Hüllblättern; Früchte stachelbesetzt; Sammelzeit zeitiges Frühjahr oder Herbst

Pflanzenkraft

Die Klette zeigt ihre Kraft und ihr Selbstbewusstsein eindrucksvoll bereits durch den starken Wuchs. Ihre Wurzeln zu graben ist eine meditative und naturverbindende Tätigkeit, die man unbedingt einmal selbst ausführen sollte. Die Pflanze ist hervorragend für „Einsteiger" geeignet, um ihr Wesen kennenzulernen. Sie wirkt reinigend, ausleitend und kräftigend auf die Leberfunktion, was sich in einem schönen Hautbild zeigt.

Heilkosmetik

Wurzel hilft als Badezusatz bei Flechten oder pulverisiert bei Juckreiz, Ekzemen und Schuppenflechte, ebenso bei unreiner Haut, Akne sowie schlecht heilender, spröder Haut; das Mazerat unterstützt als Zusatz in der Creme bei Psoriasis (Schuppenflechte); reguliert in einer klärenden und entzündungshemmenden Gesichtsmaske aus dem Wurzelbrei der frischen Pflanze unreine Haut; wirkt und stärkt als Haar-Wasser oder -Öl bei (hormonell und Stress- bedingtem) Haarausfall, dünnem Haar und empfindlichem Haarboden; in der Schwangerschaft und Stillzeit aufgrund entgiftender Eigenschaften nicht innerlich anwenden

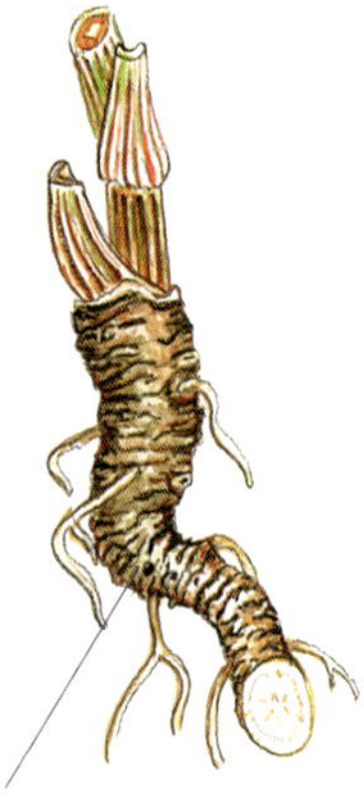

Wurzel kräftig, sehr tief

Tipp

Für eine reinigende, ausleitende und leberkräftigende Funktion die Tinktur einnehmen. Für hautsensible Menschen ist alternativ auch die feinstoffliche Essenz geeignet – schön ist auch die Kombination aus Tinktur und feinstofflicher Essenz.

KÖNIGSKERZE *Verbascum thapsus, V. densiflorum*

Blüten

Stängel mit gelben Blüten erst im 2. Jahr

Botanik

in sonnigen, steinigen Lagen wie Schuttplätzen, Waldlichtungen, Bahndämmen, Wegrändern oder reichhaltigen Gartenböden; 2-jährig; bis zu 2,20 m hoch; im ersten Jahr Blattrosette, wollhaarig, Blätter elliptisch stumpf; im zweiten Jahr rankt ein wenig bis gar nicht verzweigter Trieb mit den Blüten empor; Blätter laufen am Trieb herab; Blütenstand lange, endständige Ähre mit gelben Blüten, Staubgefäße wollig, weiß oder rötlich; Blüte- und Sammelzeit Juni–September

Pflanzenkraft

Die Pflanze sieht wie eine stattliche „Fackel" aus und wirkt imposant und elegant zugleich. Leuchtend und majestätisch thront sie über oftmals kargen Plätzen. Genauso ist auch ihre Wirkung auf den Seelenfrieden des Menschen – aufrichtend und besänftigend, erleuchtend; hilft, um zu sich selbst stehen zu können.

Heilkosmetik

beruhigt als Mazerat nervöse Haut, in der Körper-Creme und -Lotion oder im Gesichtswasser; lindert als Mazerat in der Creme oder als Frischpflanzen-Auflage trockene Hautentzündungen; regeneriert als Gesichtsmaske in Heil-Erde unreine, gerötete, spröde Haut; bei entzündeter Gesichtshaut als Reinigungslotion; zur Massage sensibler Menschen als harmonisierendes Blüten-Mazerat; bringt in der Haar-Spülung Glanz in jeden Farbton, besonders in blondes und brünettes Haar (eventuell mit Kamillen-Tinktur vermischen); keine Einschränkungen

Tipp

Besonders auch zur Pflege der zarten Kinderhaut geeignet. Die Blüten am besten gemeinsam mit den Kindern sammeln und den Prozess des Verarbeitens mit ihnen gemeinsam zu erleben.

LINDE *Tilia cordata, T. platyphyllos*

Blüten

Blüten hängend, mit Hochblatt

Botanik

in Laubwäldern und Parkanlagen; bis zu 30 m hoch; Rinde braun und glatt, im Alter netzförmig eingerissen; Blätter ungleichseitig herzförmig, am Rand gesägt und langgestielt; Blüte hängend, gelblich-beige, wächst aus einem Hochblatt; Früchte birnenförmig, braun mit 2 kleinen Nüsschen; Blüte- und Sammelzeit Juni und Juli

Pflanzenkraft

Die Linde gilt als Licht- und Wärmespenderin. Sie hüllt die zarte Seele ein, wenn diese aufgrund einer Erkrankung oder einer emotionalen Mangelerscheinung von innen heraus fröstelt. Sie wirkt tröstend, besänftigend und schützend. In der Mythologie steht sie für die weibliche Kraft und eine liebevoll gelebte Mütterlichkeit.

Heilkosmetik

Mazerat aus der Blüte schützt und nährt – pur oder in Creme – rissige Haut; regeneriert in der Handcreme beanspruchte Hände; Mazerat in Shampoo schützt die empfindliche Kopfhaut, hilft pur bei Kopfgrind der Säuglinge: dazu 1–2 Stunden vor dem Waschen auftragen; Honig aus den Blüten beruhigt im Bad sensible Haut; Mazerat in pflegenden Bade-Zusätzen schützt sensible Seele und empfindliche Haut; geeignet als tonisierendes Gesichtswasser; keine Einschränkungen

Tipp

Die Blüte immer mit dem abstehenden Hochblatt pflücken, da in diesem ebenfalls Wirkstoffe enthalten sind.

ECHTES LUNGENKRAUT *Pulmonaria officinalis*

Kraut, Wurzel

Botanik

auf feuchten, tiefgründigen Böden in lichten Laub- und Nadelwäldern; ausdauernd; etwa 20 cm hoch; Wurzelwerk braun, waagerecht verlaufend; Stängel kantig, dunkelgrün mit weißen Flecken aus grundständiger Blattrosette; Stängelblätter dunkelgrün, borstig behaart und wechselständig; Blüten im Blätterkelch gipfelständig, rot-violett; Blütezeit März–Mai; duftet neutral bis erdig; schmeckt krautig und ist etwas schleimig; Sammelzeit Kraut ab März, Wurzel September und Oktober

Pflanzenkraft

Die Schattenschönheit des Frühjahrs stabilisiert durch Kieselsäure nicht nur die Atemwege. Als „Lungenkraut" werden je nach Region verschiedene Heilpflanzen bezeichnet, daher sorgsam darauf achten, welche lungenwirksame Pflanze gemeint ist. Die Pflanze besitzt strukturierende und bewahrende Eigenschaften.

Heilkosmetik

strafft im Massage-Öl oder als Badezusatz (Mazerat) das Bindegewebe; durch Auskochen der Blätter und Blüten entsteht ein befeuchtendes Tonikum für trockene Haut; aus der Wurzel hilft eine Lotion bei trockenen (Scheiden-) Schleimhäuten; Kompressen oder ein Gesichtswasser aus dem Tee verhelfen bei sehr trockener Haut, Feuchtigkeit zu binden; nährendes Gel pflegt trockene und anspruchsvolle Haut; auch geeignet als Antifalten-Gel; Auskochung des Krauts oder Tinktur als stärkendes Mundwasser, beispielsweise mit 1 Tropfen ätherischem Pfefferminz- oder Cajeput- Öl; keine Einschränkungen

Tipp

Dem Badewasser einige Blüten und Blätter zugeben. Das wirkt straffend auf das Gewebe und vermittelt auch auf seelischer Ebene Halt, Konzentration und Struktur.

MELISSE, ZITRONEN-MELISSE *Melissa officinalis*

Blätter

Stängel 4-kantig, aufrecht

Botanik

in sonnigen Lagen, anspruchslos; bis zu 1 m hoch; Ausläufer verzweigt, niederliegend; Stängel aufrecht, 4-kantig; Blätter eiförmig und gegenständig, leicht behaart; Blüten in Scheinquirlen an den oberen Blattachsen, weiß bis lila; Blütezeit April–August; Sammelzeit Blätter vor der Blüte März–Juni; Blätter schmecken und duften würzig-frisch

Pflanzenkraft

Eine der vielseitigsten und mildesten Heilpflanzen zugleich, daher auch für Unerfahrene ohne Gefahr anwendbar. Sie dient uns mit ihrer tiefgründigen, aber dennoch leichten, fast verspielten Wesensart, löst dadurch alles Krampfhafte spielerisch auf und harmonisiert emotionales Ungleichgewicht. Bereits im Mittelalter wurde sie als Naturheilmittel und Kosmetikum zur Mundpflege geschätzt.

Heilkosmetik

desodoriert und erfrischt im Fuß-Balsam oder -Bad, auch als Tinktur oder Tee-Auszug im Deoroller oder -spray; hemmt als Tinktur oder ätherisches Öl Entzündungen im Pickeltupfer; beruhigt nervöse bis beanspruchte und gerötete Haut in Creme, Lotion, als Mazerat, Tinktur, Hydrolat, Badezusatz, oder als Dekokt, prophylaktischer Lippenschutz bei Herpes; wirkt als abschwellender Zusatz in Augencreme; desinfiziert und reinigt unreine Haut als Tinktur im Gesichtswasser oder in der Reinigungslotion; beruhigt Haut und Seele in Massage-Ölen und Bade-Zusätzen; regeneriert die Haut als Gesichtswasser; entspannt beanspruchte Kopfhaut im Shampoo oder Haar-Öl; beruhigt als Mazerat allergische Hautreaktionen; bei Anwendung hoher Konzentrationen oder bei Verwendung des ätherischen Öls kann erhöhte Photosensibilität entstehen

Tipp

Wuchert gerne im Garten: daher bei Platzmangel am besten in Kübel oder Töpfe einpflanzen. Auflage aus Frischpflanzen-Brei lindert Insektenstiche.

PFEFFER-MINZE *Mentha x piperita*

Blätter

Blütenstand mit lilafarbenen Blüten

Botanik

auf feuchten, sonnigen bis halbschattigen Standorten mit feuchten, humosen Böden; bis über 50 cm hoch; sattgrüne Pflanze; Stängel kantig; Blätter oval, gestielt, gegenständig; Blüten lila bis purpurn, lippenförmig, in blattachselständigen Scheinquirlen übereinanderstehend; Blütezeit ab Juni; Sammelzeit Blätter ab April

Pflanzenkraft

Pfeffer-Minze wird bereits seit Jahrtausenden in der Traditionellen Chinesischen Medizin (TCM) verwendet. Sie wirkt aufgrund des mentholhaltigen ätherischen Öls stark kühlend und klärend, aber auch reinigend. Je nach Einsatzgebiet und Dosis wirkt sie auf die Nervenenden regelrecht betäubend und lindert so Schmerzen. Zusätzlich steht sie für einen kühlen und klaren Verstand, der wach, präsent und konzentriert das Jetzt erlebt. Pfefferminz-Produkte können die Wirksamkeit von homöopathischen Behandlungen mindern; vor allem in der Schwangerschaft und Stillzeit sparsam dosieren; nicht bei Kindern unter zehn Jahren anwenden

Heilkosmetik

kühlt und erfrischt in Fuß- und Beinpflegemitteln; klassisch im Sauna-Aufguss, als Tee oder sehr sparsam als ätherisches Öl (in Mischung auf Lemongras); desinfiziert und reinigt im Mundwasser und in der Zahnpasta auf weißem Ton oder als Zahn-Öl z.B. auf Erdnuss- Öl; als Massage-Öl kühlend und entspannend bei Kopf-, Nacken- oder Verspannungsschmerzen; sparsam dosiert (1 Tr. auf 200 ml) kühlt es im Rasierwasser auf Hamamelis-Wasser an Hirtentäschel-Tinktur; lindert akute rheumatische Schmerzen als Mazerat im Körper-Öl.

Tipp

Um den Mundraum zu erfrischen und zu desinfizieren, einfach erntefrische Blätter kauen oder mit der Tinktur gurgeln.

RINGELBLUME *Calendula officinalis*

Blüten

Botanik

in geschützten Gärten; 20–50 cm hoch; Stängel verästelt, filzig behaart, saftig grün; Blätter wechselständig; Blüten 3–5 cm im Durchmesser, strahlend gelb bis orange, Blütenboden grün, nach oben hin schmaler werdend; Blütezeit Juni-Oktober; Sammelzeit der leicht harzigen Blüte ab Mai (nur geöffnete Köpfe bei voller Sonne sammeln); Blätter und Blüten schmecken aromatisch-würzig, Duft erdig, etwas modrig

Pflanzenkraft

Die strahlende Ringelblume nährt die Lebensfreude und die Lebenskraft. Sie nimmt Schmerzen, lindert Beschwerden der Überreizung und umhüllt den stofflichen und feinstofflichen Körper wie eine sanfte Wolke der Heilung. Mythologisch symbolisiert sie Wiedergeburt und Neuanfang. Sie ist eine Pflanze der vollkommenen Hingabe.

Heilkosmetik

absolut universelles Heilmittel mit Spezialgebiet Wundheilung; regeneriert im Balsam (sehr) trockene Füße und Hornhautrisse, pflegt schrundige und raue Ellbogen und Knie; lindert Juckreiz oder nervöse Hautausschläge und -Entzündungen; als Mazerat bei sehr trockener, empfindlicher und spannender Haut in Creme, Bade-Öl, Körper-Öl und Lotion; pulverisierte Blüten auf Talkum bei sehr sensibler Haut; auch statt eines Deo-Sprays nach der Achsel-Rasur; als Mazerat oder daraus bereiteter Creme zur Hand-, Nagel- und Kinderpflege; schützt im Pflegestift trockene Lippen, wirkt lindernd bei Herpes simplex; schützt als Öl-Kur vor dem Haarewaschen oder als Frischpflanzen-Mazerat im Shampoo den nervösen, juckenden, schuppigen Haarboden; pflegt als Frischpflanzen-Auflage oder Wickel verhärtete Narben, frisch verheilte Wunden und Krampfadern; bei Allergie auf Korbblütler vorher austesten (Seite 21)

Tipp

Die 1-jährige Pflanze sät sich bei geeigneter Stelle im Garten Jahr für Jahr selbst wieder aus. Wundervolle Pflanze für Kinder und Anfänger, da man damit kaum etwas falsch machen kann.

HECKEN-ROSE, HUNDS-ROSE *Rosa canina*

Blüten, Samen

Botanik

in sonnigen bis halbschattigen Lagen mit tiefgründigen Böden, in Bauerngärten, an Weg- und Waldrändern; bis zu 3 m hoch, Strauch ab dem zweiten Jahr mit überhängenden Ästen, zuvor gerade; Blätter wechselständig, scharf gezähnt; Stacheln sichelförmig; Blüten weiß bis rosa oder rot, einhäusig, einzeln stehend; Früchte rote, eiförmige Hagebutten mit vielen behaarten Kernen; Blüte- und Sammelzeit Blüten Juni–September, Samen in Hagebutten September–November

Pflanzenkraft

Die sagenumwobene Rose ist die Pflanze der Liebe, der Hingabe, und der Sanftmut – trotz ihrer Stacheln. Das vielseitige Pflanzenwesen besänftigt und beruhigt, wo wir überreizt und angegriffen sind. Als Wundheilerin wurde die Wilde Rose bereits im Mittelalter von weisen Frauen und Hebammen vielfach verwendet, in Küche, Kosmetik und Heilkunde.

Heilkosmetik

reguliert und nährt die natürliche Hautfunktion – innerlich als Tee-Auszug, äußerlich als Basis-Öl oder „Rosenwasser“ (Hydrolat); pflegt in Creme eingearbeitet als Basis-Öl, Mazerat oder Hydrolat sehr trockene, allergische und anspruchsvolle Haut; nährt und schützt als Augenlid-Pflege in Creme oder Gel; beruhigt als Öl-Bad oder Tee aus den Blüten; pflegt bei reiferer Haut sowie allergischem Potenzial im Bade-Öl, Körper-Öl oder in Creme aus den Blüten; Hydrolat hemmt im Mundwasser Entzündungen, erfrischt als Gesichts- und Rasierwasser; fettes Samen-Öl nährt empfindliche Haut sowie trockene und sehr anspruchsvolle Haut und lindert damit verbundene Reaktionen; das feinstoffliche Bad, gerne mit Rosenquarz versetzt, bringt uns wieder zu uns selbst; für Säuglinge (alkoholfreies Hydrolat zur Nabelpflege) und Kinder sowie in der Schwangerschaft gut geeignet; keine Einschränkungen

Tipp

Echte Rosenprodukte sind teuer und werden oft synthetisch hergestellt. Daher bei ätherischem Öl, Basis-Öl aus Hagebutten-Samen und Hydrolat auf naturreine Qualität achten. Es gilt: Weniger ist mehr.

ROSMARIN *Rosmarinus officinalis*

Blätter

Lippenblüten, an den oberen Zweigenden

Botanik

auf warmen, sonnigen und humosen, sandigen Böden; ausdauernder, immergrüner Strauch; bis zu 50 cm hoch; Blätter schmal, lineal, nach unten gerollt, gegenständig, sattgrün; Unterseite weißfilzig; Blüten Scheinquirle auf kleinen Stielen, blau bis weiß mit 2 herausragenden Staubblättern; Blütezeit März-Mai, selten zweite Blüte im Herbst; Konzentration des ätherischen Öls standortabhängig: je sonniger desto stärker; Sammelzeit Blätter vor der Blüte

Pflanzenkraft

Rosmarin wirkt belebend, aktivierend und aufrichtend. Seine durchblutungsfördernden und schmerzlindernden Eigenschaften machen sich Menschen schon seit Jahrtausenden zu Nutze. Die Pflanze ist Aphrodite, der Göttin der Schönheit, geweiht. Sie wurde im alten Griechenland gerne in Siegerkränze geflochten. Kann die Wirkung von homöopathischen Behandlungen mindern; nicht in hoher Dosis während der Schwangerschaft und Stillzeit und für Kinder unter zehn Jahren geeignet.

Heilkosmetik

erfrischt im Pflege-Öl oder Reflexzonen-Balsam die Füße und Beine; hemmt in Creme, Lotion, Reinigung oder Seife Entzündungen und reinigt unreine, fettige Haut; regt im Körper-, Massage- und Bade-Öl oder -Salz die Durchblutung an; fördert die Durchblutung der Kopfhaut und hilft in Shampoo oder Haarwasser gegen Schuppen; erfrischt im Deo-Spray oder -Roller; wirkt pulverisiert auf Algenmehl als Körper-Wickel sowie als Körper-Öl bei Cellulite; ein Zweiglein im Badewasser unterstützt die Wirkung der feinstofflichen Essenz.

Tipp

Der Tee am Morgen bringt den Kreislauf in Schwung und fördert eine wache Präsenz.

GEWÖHNLICHE ROSSKASTANIE

Aesculus hippocastanum

Rinde, Blätter, Blüten, Samen

Botanik

bis zu 30 m hoch; Rinde grau-braun, blättert bei älteren Bäumen ab; Blätter gegenständig, langgestielte Blätterhand mit 5–7 gesägten, keilförmigen Fingern; Knospen klebrig mit wolligem Blatt-Trieb; Traubenblüte an der äußeren Zweigspitze, groß, aufrecht, weiß oder rot mit gelben oder rötlichen Flecken; Früchte braun, glatte Kastanien mit weißem Fleck in stachelbesetzter Hülle; Blütezeit April–Mai; Sammelzeit Rinde Frühjahr, Blätter April–Juni, Blüten ab Mai, Samen ab September

Pflanzenkraft

Der Samen, die Kastanie, ist ein altes Heilmittel: In der Tasche getragen, soll sie gegen Rheuma und Gicht helfen. Der Baum gilt insgesamt als aufnehmende Pflanze und wirkt kräftigend und aufrichtend. Er ist ein Sinnbild für einen Lebensbaum – der geschlagene Stumpf treibt immer wieder aus.

Heilkosmetik

lindert und kühlt als Salbe bei Sonnenbrand; adstringierende und entzündungshemmende Creme und Lotion bei Falten sowie bei Couperose mit entzündeter und geröteter Haut; lindert als Mazerat im Massage-Öl Neuralgien der Muskulatur; stärkt im Haarwaschmittel den Haarboden, reinigt zusätzlich durch die enthaltenen Saponine (Seifenstoffe); pflegt das Haar als Spülung aus abgekochten, zerkleinerten Kastanien; im Blender püriert auch gut als Haarkur; der Öl-Auszug der Samen oder der Blätter an Brennnessel stärkt den Haarboden; Blüten-Mazerat oder Lotion zum Einreiben vorbeugend bei Neigung zu Thrombose; keine Einschränkungen

Blatt handförmig

stachelige Fruchthülle mit Samen

Tipp

Menschen, die viel stehen und auf den Beinen sind, können sich zum Schutz der Venen täglich mit dem Mazerat einreiben.

ECHTER SALBEI *Salvia officinalis*

Blätter

Botanik

auf durchlässigen, kalkhaltigen Böden; ausdauernd; bis zu 70 cm hoch; strauchartig; graufilzig behaart; Stängel verholzend, 4-kantig; Blätter eiförmig, länglich, samtartig; Blütenstände in Quirlen, ährenförmig, 6–10 Lippenblüten weiß oder violett; Blütezeit Juni–Juli; Sammelzeit der Blätter zum Trocknen und zur Destillation vor der Blüte, für den frischen Gebrauch in Küche und Kosmetik ab Erscheinen bis Herbst, Verwechslung mit anderen Salbeiarten möglich

Pflanzenkraft

Salbei stellt die souveräne Kraft im Gewürzgarten dar. Die Pflanze ist ein hilfreicher Freund, der uns an das Wesentliche erinnert. Bereits die Römer und die alten Griechen nutzen diesen Heilpflanzenschatz: Salbei vermittelt eine stark energetische wie auch stofflich reinigende, tonisierende und aufrichtende Kraft. In hoher Dosis nicht in der Schwangerschaft und Stillzeit verwenden; nicht bei Kindern unter zwölf Jahren.

Blatt eiförmig, fühlt sich samtartig an

Heilkosmetik

desodoriert als Tee-Auszug, Hydrolat oder ätherisches Öl im Fuß-Bad, als Deo oder in der Creme bei schwitzenden Händen; fördert die Durchblutung und strafft das Gewebe im Massage-Öl bei Cellulite oder nach Diäten; als Mazerat, Tinktur, ätherisches Öl oder Hydrolat in Creme, Gesichts- und Rasierwasser entzündungshemmend bei unreiner, fettiger und großporiger Haut; effektives Haar-Wasser und -Shampoo bei fettigem Haar; kräftigende, adstringierende und reinigende Mundraumpflege bei Mundgeruch und Zahnfleisch-Entzündungen (dazu der Tinktur 1 Tropfen ätherisches Minz-Öl zugeben); energetisch reinigender und klärender Badezusatz mit der feinstofflichen Essenz.

Tipp

Salbei zur Pflege des Mundraums zwischendurch einfach frisch geerntet kauen. Der heimische Wiesen-Salbei *(S. pratensis)* hat nicht denselben Wirkstoff-Komplex und ist daher kein medizinisch wirksamer Ersatz. Er kann aber als emotional aufrichtender und kräftigender Badezusatz verwendet werden.

ACKER-SCHACHTELHALM *Equisetum arvense*

Kraut

Botanik

auf feuchten, lehmigen Böden; mehrjährig; 10–50 cm hoch; Wurzeln weit verzweigt; Stängelscheiden braun, quirlig verzweigt; erstes Glied der im Quirl stehenden Blätter ist länger als das der Stängelscheide; vermehrt sich durch Sporentriebe; Sammelzeit oberirdisches Kraut ab März; Verwechslungsgefahr mit dem giftigen Sumpf-Schachtelhalm: bei Unsicherheit deshalb besser das Kraut in Bio-Qualität kaufen

Pflanzenkraft

Diese Urzeitpflanze bewahrt in sich die ganz ursprünglichen Lebensenergien. Sie besitzt als Heilpflanze die Fähigkeit, unseren Körper an seine Urenergie und seinen natürlich gesunden Zustand zu erinnern. Dieser Zustand wird in unserem Zellbewusstsein wach und regt Heilprozesse an. Der auch als Zinnkraut bezeichnete Schachtelhalm wirkt strukturierend und festigend.

Heilkosmetik

Auskochung des Krautes auf Basis eines Kaltauszuges regt als Tee den Stoffwechsel der Haut an und strafft sie, wenn er zusätzlich dem Bad zugegeben wird; im Wickel oder in der Lotion zur Stärkung eines schwachen Bindegewebes und bei Cellulite; eine Kur aus dem Dekokt bei fahler, unreiner und problematischer Haut verhilft zu einem schönen und gesunden Hautbild; wirkt als entzündungshemmendes Bad bei Ekzemen und Wunden; strafft die Haut als Zusatz in der Creme oder Lotion in der Augen- und Brustpflege; stärkt den Mund- und Rachenraum als Mundwasser; in der Haarpflege wirkt der Sud kräftigend und stärkt das Haar gerade bei schütterem Haarboden; Anwendung des Tees zur Unterstützung des Bindegewebes auch über einen Zeitraum von vier Wochen möglich (ist im Kühlschrank eine Woche lagerfähig); keine Einschränkungen

Tipp

Das Kraut aufgrund des schwer löslichen Kieselsäuregehalts über Nacht kalt in Wasser ansetzen. Am folgenden Morgen etwa 15 Minuten bei geschlossenem Deckel ausköcheln.

GEWÖHNLICHE SCHAFGARBE *Achillea millefolium*

Blüten, oberer Teil des Krautes

Blätter wie eine Augenbraue geformt

Botanik

auf sonnigen und trockenen Wiesen, Wegrainen, Äckern; mehrjährig; 20–90 cm hoch; aufrecht; Wurzelstock hellbraun, kriechend; Stängel innen markig, außen glatt, in niedrigen Lagen kahl, in höheren behaart; Blätter zart, erst hell-, später dunkelgrün, gestielt, 2–3-fach gefiedert; Blüten traubige Trugdolden; Blüten weiß bis kräftig rosa, in bräunlichen Hüllblättchen; Frucht länglich, silbergrau; Blüte- und Sammelzeit ab Juni; Verwechslung mit giftigen weiß blühenden Doldenblütlern wie Taumelkälberkopf oder Schierling für Laien möglich; gutes Merkmal der Schafgarbe: Blattform ähnelt einer Augenbraue – deshalb der Name *millefolium = tausendblättrig*

Pflanzenkraft

Die Schafgarbe ist eine alte, traditionelle Frauen- und Hebammen-Pflanze, die bis heute in der Geburtshilfe eingesetzt wird. Sie hat erstaunliche entzündungshemmende Eigenschaften. Auch stärkt sie Leber, Galle, Magen und Darm und fördert so ein schönes Hautbild. Bei Allergie auf Korbblütler oder bekannter allergischer Reaktion nicht verwenden

Heilkosmetik

als Mazerat, Tinktur oder ätherisches Öl in Creme und Gesichtswasser entzündungshemmend und reinigend; als Waschung, Pickeltupfer und in der Gesichtsmaske bei Akne und unreiner Haut direkt auf die Pustel; lindert allergische Hauterkrankungen, hilft innerlich bei Haut-Ausschlägen und -Entzündungen als Tee, Mazerat oder Tinktur; beruhigt allergische Reaktionen der Haut als Creme und Badezusatz; lindert als Puder oder als Tinktur für eine Gesichtsmaske auf Basis von Heil-Erde Ausschlag der Haut; das Mazerat regeneriert als Basis-Öl einer Handcreme rissige und entzündliche Hände.

Tipp

Der etwas bitter schmeckende Tee aus dem ganzen Kraut eignet sich für eine Kur von 1–2 Wochen, sofern keine Kontraindikationen wie allergische Reaktionen vorliegen.

GEWÖHNLICHE SCHLEHE *Prunus spinosa*

Blüten, Beeren

Botanik

auf kalkigen Böden in Wäldern, auf Weiden, Wiesen, in Naturhecken und an Wegrändern; bis zu 3 m hoch; Rinde dornig, braun bis schwarz; Blätter elliptisch, wechselständig, gesägt, in jungen Jahren auf der Unterseite etwas behaart; Blütenköpfe weiß an kurzen Stielen; Steinfrüchte blau-schwarz, rund, etwa 1 cm im Durchmesser; Blütezeit März–Mai, kurz bevor Blattwerk erscheint; Sammelzeit Blüten ab März, Beeren ab den ersten Frostnächten im Oktober–November, schmecken sehr sauer

Pflanzenkraft

Die Schlehe ist eine strukturgebende Pflanze des zeitigen Frühjahrs. Als Blüte stabilisiert sie die Kraft im Gewebe, als Beerenfrucht die persönliche Widerstandskraft. Sie hält zerfließende Energien zusammen und hilft bei emotionaler Dünnhäutigkeit.

Heilkosmetik

vitalisiert als Blüten-Mazerat im Massage-Öl bei Durchblutungsstörungen und Cellulite; durchblutungsfördernd und tonisierend für müde und schlaffe Haut oder Altershaut, für die Gesichtspflege wie im Körper-Öl; strafft die zarten Augenpartien als Mazerat in der Augencreme; kräftigt das Dekolleté als Zusatz in Brustpflege-Ölen; wirkt innerlich bei Hautunreinheiten und als milder Auszug der Blüten sowie in Reinigungsprodukten und als Creme; kräftigt die Gefäßwände und Kapillaren, daher zur Venen- und Beinpflege geeignet – auch bei Krampfadern sinnvoll; desodoriert als Tinktur aus der Blüte; saniert die Haut nach Schwächung durch Pilzbefall; keine Einschränkungen

Tipp

Beeren nach dem ersten Frost sammeln, mit Obstler aufgießen und im leistungsstarken Mixer zerkleinern. Das ergibt eine hautreinigende und immun kräftigende Tinktur über die Winterzeit.

SCHLÜSSELBLUME, PRIMEL *Primula elatior, P. veris*

Blüten, Wurzeln aus eigenem Anbau

Botanik

in schattigen bis halbschattigen Lagen und kalkhaltigen Böden auf Wiesen, in Laubwäldern; ausdauernd; 10–25 cm hoch; Wurzelstock braun, kurz; Blätter runzelig; nickende Dolde; Blüten nektarhaltig, am Grund zusammengewachsen, Blütenkelch grün, bauchig, behaart; Blütezeit März–Mai; gesammelt werden die frisch geöffneten Blütenköpfe; Schlüsselblumen stehen unter Naturschutz, daher für den Gebrauch im Garten kultivieren; Sammelzeit Wurzel März oder Herbst; Wurzel duftet warm und fenchelartig, schmeckt unangenehm; Blüten duften süß, honigartig und schmecken angenehm süßlich

Pflanzenkraft

Blüten mit glockiger, wohlriechender Krone

Die Pflanze ist der Göttin Freya gewidmet, die die Herzen der Menschen öffnet und sie zugänglich stimmt. Sie weckt unseren Sinn für das Schöne und besänftigt das emotionale wie das organische Herz. Zuchtprimeln sind kein Ersatz; eine hohe Dosierung des Tees kann sehr selten zu leichten Magen-Darm-Beschwerden führen; nicht bei bekannter allergischer Reaktion auf Primeln anwenden

Heilkosmetik

als Körper- und Massage-Öl mit emotional erwärmendem Charakter; nährt und schützt in der pflegenden Handcreme; beruhigt entzündete und empfindliche Haut als Gesichtswasser und Creme aus Mazerat oder wässrigem Auszug; wirkt bei emotional begründeten Hautproblemen als feinstoffliche Essenz im Badezusatz; Mazerat als sanfte Lippenpflege oder besänftigendes Bade-Öl – auch für Kinder bestens geeignet; die Blüten- oder Wurzel-Tinktur reinigt mild im Shampoo.

Tipp

Blüten immer mit Kelch sammeln. Sie wirken im Bade-Säcklein gerade auch für Kleinkinder angenehm und schützend. Das Öl-Mazerat aus ihnen ist ein einleitendes Pflege- Öl für Kinder.

STINK-STORCHSCHNABEL *Geranium robertianum*

Kraut

Botanik

in feuchten, sonnigen bis halbschattigen Lagen an Wald- und Wegrändern, Gebüschen, auf Mauern und Felsen; 1-jährig; 10–45 cm hoch; Stängel rötlich-lila, sparrig verzweigt, weich behaart; Blätter fiederschnittig, gelappt, behaart, aus 3–5 Teilen, die als Ganzes fast 3-eckig wirken; Blüten lila oder rosa, 5 Kronblätter, 3 weiße „Nerven“; Blütengriffel des Fruchtknotens schnabelförmig, 2–3 cm lang; Blütezeit April–September; Sammelzeit April-August; Verwechslung mit anderen Storchschnabel-Arten ist möglich: Stink-Storchschnabel ist durch den typischen unangenehm herben Duft der Blätter sowie den rötlichen Stängel gut zu erkennen

Pflanzenkraft

Der hübsche Storchschnabel ist ein bereits im Mittelalter von Hildegard von Bingen viel gelobtes Heilkraut mit dem Namen *Gottesgnadenkraut.* Die stark reinigenden und wundheilenden Kräfte waren vor allem bei den Wundärzten hochgeschätzt. Die wandlungsfähige Pflanze verträgt sowohl Schatten als auch voll sonnige Lagen und ist vollkommen anspruchslos in ihrer Bodenwahl.

Heilkosmetik

wirkt entzündungshemmend bei unreiner Haut mit schlecht heilenden Pusteln und bei erweiterten Äderchen und unreiner Haut als Maske, Öl-Auszug oder als Tinktur in Creme; lindert und reinigt bei Hauterkrankungen, Abszessen und Ekzemen; wirkt als Auflage anti-septisch bei eitrigen Pickeln mit rotem Wundrand und bei hartnäckigen, eitrigen und verunreinigten Pusteln und Pickeln; besänftig bei Hautausschlägen im Badezusatz; als Infus oder Tinktur zusammenziehend und entzündungshemmend nach der Rasur; als Pflanzenbrei bei Akne mit Hautrötung; keine Einschränkungen

Tipp

Eine Tinktur herzustellen, lohnt sich, da die Pflanze vielfältig eingesetzt werden kann: Kleine Schnitte lassen sich damit ebenso behandeln wie Stiche oder Pustelchen.

WEISSE TAUBNESSEL *Lamium album*

Blüten, Blätter

Oberlippe der Blüte außen behaart

Botanik

in sonnigen bis halbschattigen Lagen an steinigen Schuttplätzen, Waldlichtungen, Bahndämmen und Wegrändern; ausdauernd; 20–35 cm hoch; Stängel leicht 4-kantig, teils violett, behaart (aber keine Brennhaare); Blätter gestielt, kreuzgegenständig, am Rand gesägt; Lippenblüten sind Scheinquirle, länglich zugespitzt und weiß; Blütezeit April–August (selten bis Oktober); Sammelzeit Blüte ab April, Blätter jederzeit; Blätter duften und schmecken erdig, leicht modrig

Pflanzenkraft

Die Taubnessel besitzt eine reinigende und klärende Kraft, die den weiblichen Rhythmus zu regulieren vermag und zugleich die Intuition stärkt. Bis etwa ins Jahr 1600 verwendete man sie, um das Herz fröhlich zu stimmen, dem Gesicht frische Farbe zu geben und den Lebensgeist zu erquicken. Später wurde die uteruswirksame Heilkraft bekannt. Der Kräuterpfarrer Kneipp setzte sie vielfach ein, vorwiegend für Sitzbäder bei Menstruationsstörungen und Ausfluss. Diese Anwendung hat sich bis heute bewährt.

Heilkosmetik

das Mazerat als Creme, Bade-Öl, Körper-Öl und Lotion wirkt bei nervöser, geröteter und entzündeter Haut reizlindernd; erfrischt den Teint müder Haut; hemmt Entzündungen unreiner, aber empfindlicher Haut; als Tinktur entzündungshemmend und schleimhautberuhigend im Mundwasser; als reines Blüten- Mazerat, bewährt in der Pflege bei empfindlichen Lippen, auf Jojoba-Öl mit Lichtschutzfaktor; beruhigt als Haarwasser bei empfindlichem Haarboden, zur innerlichen Reinigung als Tee-Kur bei unreiner und müder sowie strapazierter Haut; keine Einschränkungen

Tipp

Gemeinsam mit der Blüte auch die oberen, grünen Blätter verwenden. Die frische Pflanze zu einem Brei püriert reinigt als milde Gesichtsmaske normale, empfindliche und unreine Haut. Reinigend wirkt auch der Tee – von innen wie außen. Auch im Salat schön.

DUFT-VEILCHEN, ECHTES VEILCHEN *Viola odorata*

Blüten

Botanik

in halbschattigen Lagen auf humosen Böden; bis zu 15 cm hoch; Blätter in einer Rosette schwach gekerbt, ei- bis herzförmig; Blüten von Weiß über Zartblau bis Lila, einzeln auf Blütenstielen, 2 Deckblätter; zweite Blüte im Sommer; das Echte Veilchen erkennen Sie leicht an seinem typischen, zart blumigen Duft

Pflanzenkraft

Diese zarte Pflanze verhilft zu Selbstannahme. Wenn wir uns nicht mehr wohl fühlen in unserer Haut, ist es oft die Veilchen-Blüte, die ein Gleichgewicht wieder herstellen kann. Sie ist besonders auch für Kinder eine sanft wirkende Heilpflanze. Bereits im Mittelalter wurde sie bei Melancholie, Kopfschmerzen, aber auch bei Magenschleimhaut-Entzündung eingesetzt. Der Kräuterpfarrer Kneipp verwendete sie aufgrund der schleimlösenden Eigenschaften vorwiegend bei (Keuch-) Husten.

Heilkosmetik

Mazerat für jeden Hauttyp, gibt dem Hautbild eine frische und zarte Erscheinung; Wurzel beruhigt in Creme und Lotion die nervöse und allergische Haut; feuchtigkeitsspendend im Gesichtswasser; Wurzel- und Blüten-Mazerat pflegen auch in der Handcreme; befeuchtet als wässriger Auszug in Gesichts-Lotion oder -Gel trockene Haut; reinigt innerlich als Tee oder homöopathisch potenziert (Viola D3) die Haut; Mazerat ist auch zur Pflege zarter Kinder-Gesichtshaut und des Dekolletés geeignet; pulverisierte Wurzel für ein duftendes Körperpuder an Talkum verwenden; keine Einschränkungen

Tipp

Um etwas vom Duft zu erhalten, die zarte Blüte am besten auf duftneutralem Jojoba-Öl mazerieren. Zur Intensivierung des Aromas die Blüten alle 2 Wochen erneuern.

WACHOLDER *Juniperus communis, J. oxycedrus*

Beeren, Nadeln, Holz

Botanik

auf sonnigen Heiden und in Gebirgslagen mit kalkhaltigen Böden; bis zu 6 m hoch; Busch oder Baum; Blätter nadelförmig, spitz zulaufend in 3-zähligen Quirlen, zuerst hellgrün, später dunkelgrün mit einem helleren Streifen auf der Oberseite; Blüten 2-häusig; Beeren kugelig, im ersten Jahr grün, ab dem zweiten Jahr dunkelblau bis fast schwarz; Blütezeit April–Mai; Sammelzeit Nadeln ab Februar, reife Beeren September–Dezember, Holz Spätherbst

Pflanzenkraft

Die bereits in der Steinzeit verwendete Wacholder-Beere ist ein kleines Kraftwerk an Lebensenergie und damit eine Unterstützung im Alltag. Durch ihre Hilfe verdauen wir das Leben leichter und finden wieder in das Zentrum unserer Kraft. Die Beere regeneriert den Kräftehaushalt und unterstützt das Zentriertbleiben im Selbst. Sie regt den Blutkreislauf und die Lebenskraft an. In der Schwangerschaft nicht geeignet; ebenso nicht bei Kindern unter zwölf Jahren und bei sensiblem Magen

Heilkosmetik

wärmt als Badezusatz (Infus) oder Fuß-Bad bei Kältegefühl; im Massage-Öl, -Balsam und Badezusatz stark durchblutungsfördernd und kreislaufanregend; kräftigt und schützt die Gelenke; stärkt, strafft und kräftigt als Wickel und als Körper-Öl bei Cellulite; reinigt und hemmt Entzündungen als Zusatz in der Creme bei fettiger, unreiner Haut; strafft als Hydrolat oder Tinktur im Rasierwasser; fördert als Infus die Durchblutung und Reinigung der Kopfhaut bei fettigem Haarboden; lindert im Massage-Öl oder als Badezusatz Gelenkbeschwerden und Muskelverspannungen und belebt den Gesamtorganismus.

Beeren im 1. Jahr grün: nicht für Ernte geeignet

Tipp

Nur wirklich reife Beeren sammeln: Diese sind blau, also nicht mehr grün, aber auch noch nicht braun. Während des Spazierganges einige Beeren zu naschen, erfrischt den Atem und reinigt zusätzlich den Magen-Darm-Trakt.

GEWÖHNLICHE WEGWARTE *Cichorium intybus*

Kraut, Wurzel

Botanik

in sonnigen Lagen auf fast allen Böden, an Waldrändern, Wiesenböschungen, Wegrändern, auf Fluren und im Ödland; ausdauernd; Wurzel tiefgründig; Stängel enthalten Milchsaft; Blätter sparrig verzweigt und gefiedert, grob gezähnt; Blüten weiß bis hellblau über rosa bis lila, ungestielt, zungenförmig, nur am Vormittag geöffnet; Blütezeit Juli–August; Sammelzeit Kraut ab Juli, Wurzel ab September

Wurzel pfahlartig und tiefgründig

Pflanzenkraft

Wegwarten sind stolze Gefährten am Wegesrand. Bereits Hildegard von Bingen hat sie gerne verabreicht. Die Pflanze vermittelt Lebenskraft und Lebensmut, Souveränität und Würde. Sie ist eine der bekanntesten Bach-Blüten *(Chicory)*.

Heilkosmetik

nährt und baut auf als tonisierendes Gesichtstonikum bei normaler, anspruchsvoller, trockener und müder Haut; geriebene und getrocknete Wurzel ist ein mildes Peeling-Mittel; der frisch gepresste Saft aus dem Kraut lindert in der Lotion oder als Auflage Hautunreinheiten; gemahlene Wurzel fördert als Gesichtsmaske an Ylang-Ylang die Elastizität der Haut; sie unterstützt innerlich als Tee oder Tinktur oder äußerlich als Brei die Reinigung entzündeter, empfindlicher Haut; kräftigt als Wurzel-Tinktur oder -Infus in Haar-Spülungen den Glanz von braunem und schwarzem Haar; für dunkles Haar mit Walnuss-Schalen oder mit Kornblumen- Extrakt, für Rottönung auf Henna-Pulver oder als Tinktur; Wurzel-Brei an Eigelb als Haarmaske; keine Einschränkungen

Tipp

Zichorien-Kaffee („Muggefug“) statt Bohnenkaffee unterstützt die Leber und verbessert damit auch das Hautbild. Nicht wenigen schmeckt er besser, als sie gedacht hätten.

REIKI

Reine ätherische Öle

Ätherische Öle können Sie ganz leicht Salben, Cremes oder anderen Anwendungen beifügen – und natürlich immer auch in der Aromalampe oder den Diffuser verwenden. Bei den folgenden Porträts sind, wo sinnvoll, ähnlich wirkende Öle aufgelistet, die Sie alternativ einsetzen können. Neben der körperlichen Wirkung gibt es die auf seelischer Ebene, was bei der Auswahl eine tragende Rolle spielt. Geeignete Öle zum Kombinieren sind jeweils als Empfehlung mit aufgenommen: als Inspiration, welche Öle in Mischungen gut harmonieren. Gehen Sie immer der Nase nach …

BERGAMOTTE *Citrus bergamia*

unreife Schale; ähnlich wirkt Petit Grain *C. aurantium*

Herkunft vorwiegend Mittelmeerraum
Duft fruchtig, frisch, süß, leicht, bitter-herb
Hauptwirkung entspannt, gleicht aus, hellt die Stimmung auf

- fördert die Durchblutung; strafft die Haut im Massage-Öl bei Cellulite und Schwangerschaftsstreifen; lindert im Sitzbad bei Neigung zu Blasen-Entzündung
- entfaltet eine freudvolle, stimmungsaufhellende Atmosphäre; fördert die Selbstwahrnehmung; macht lebendig und wach; motiviert; erleichtert Übergänge in der Pubertät oder anderen Lebenskrisen; beruhigt bei zu schnellem Lebenswandel; bei Lethargie hingegen werden Antrieb und Lebensfreude vermittelt; unterstützt die Behandlung depressiver Zustände und Ängste

Cistrose stärkt die Abwehrkräfte.

Wichtig erhöht die Photosensibilität der Haut, daher nicht vor dem Sonnenbaden; nicht bei allergischen Reaktionen auf Zitrus-Früchte; nicht pur auftragen
Harmoniert mit Zitrus-Düften, Ho-Blättern, Rosmarin, Patchouli, Jasmin, Ylang-Ylang

CISTROSE *Cistus ladanifer*

Blätter, Blüten, Zweige; ähnlich wirkt Immortelle *Helichrysum italicum* (Blüten)

Herkunft Mittelmeerraum, Kanarische Inseln, Asien
Duft balsamisch, warm, erdig, tiefgründig
Hauptwirkung zentriert, löst, verbindet

- pflegt problematische, allergiebereite bis unreine Haut und Schuppenflechte; beruhigt in Cremes irritierte und empfindliche Haut; lindert im Massage-Öl krampfartige Beschwerden; unterstützt den Lymphfluss; löst Krämpfe in warmen Wickeln, beruhigt im Bad nervösen Juckreiz und Hautrötungen; ein Tropfen im Shampoo beruhigt juckende Kopfhaut
- unterstützt die Erdverbindung; fördert die Balance zwischen Emotionen, Gedanken, Tun und Spiritualität; erwärmt die Seele bei innerer Kälte, Einsamkeit und Verlassenheitsängsten; das Aroma bildet eine Art Kokon um den feinstofflichen Körper; bei „harten Männern" unterstützt es die Entwicklung von Sensibilität als Zugang zur spielerischen Sinnlichkeit

Wichtig nicht in hoher Dosis in der Schwangerschaft, in der Stillzeit und für Kinder unter vier Jahren; innerlich nur unter sachkundiger Anleitung
Harmoniert mit Sandelholz, Bergamotte, Orange, Mandarine, Honig, Zeder

ECHTES EISENKRAUT

Verbena officinalis

Kraut; ähnlich wirken Weißes Eisenkraut *Lippia alba* (Kraut); Zimbani-Eisenkraut *L. javanica* (Kraut); Zitronenverbene *L. citriodora* (Kraut)

Herkunft Europa, Afrika
Duft hell, frisch, melissenartig bis zitronig
Hauptwirkung erfrischt, belebt, aktiviert
• kräftigt im Massage-Öl das Bindegewebe und unterstützt die Durchblutung; klärt in Cremes ein unreines Hautbild und erfrischt müde Haut; hemmt Entzündungen; verleiht motivierenden Parfüms eine freudvolle, einladende, vitalisierende Note
• motiviert und richtet auf; unterstützt, auf ein Taschentuch geträufelt, die Konzentration während Prüfungen oder Autofahrten; inspiriert; reinigt Raum wie Atmosphäre und lädt regelrecht energetisch auf
Wichtig nicht mit Alkohol einnehmen; nicht in der Schwangerschaft, der Stillzeit und für Kinder unter vier Jahren
Harmoniert mit Lemongras, Limette, Litsea Salbei, Niaouli, Rosmarin, Linaloe, Zeder

EUKALYPTUS *Eucalyptus spec.*

Blätter; ähnlich wirken Cajeput *Melaleuca leucadendron* und Niaouli *M. viridiflora*

Herkunft Australien, Nordamerika, China
Duft frisch, minzig bis zitronig, hell
Hauptwirkung kräftigt die Atemwege, reinigt, desinfiziert, kühlt
• stark antiseptisch; behandelt als Verdünnung effektiv Ekzeme und Abszesse sowie Hautentzündungen durch Bakterien oder Pilze; fördert im Massage- und Bade-Öl die Durchblutung und lindert Schmerzen

Der Duft der Fichte zentriert und klärt.

bei Muskelkater, rheumatischen Beschwerden, Arthritis und Muskelverspannung; hilft einmassiert oder als kühlender Wickel bei schweren Beinen; beruhigt Entzündungen im Rasierwasser sowie als Tupfer bei eitrigen Pickeln und Pusteln
• fördert die Konzentration; reinigt und strukturiert; klärt den Geist; motiviert; unterstützt das Erinnerungsvermögen und die Zielstrebigkeit sowie das Bewusstsein spiritueller Verbundenheit
Wichtig für Kinder unter vier Jahren nur *E. citriodora*, da milder in Duft und Wirkung; alle Arten wirken photosensibilisierend
Harmoniert mit Nadelbäumen, Zitrus-Düften, Ho-Blättern, Weihrauch, Thymian

FICHTE *Picea spec.*

Nadeln; ähnlich wirkt Douglasie *Pseudotsuga menziesii* (Nadeln)

Herkunft Europa, Asien, Amerika
Duft frisch, waldig, kienig, warm
Hauptwirkung strukturiert, zentriert
• stärkt durch die keimtötende Eigenschaft Atemwege und Abwehrkräfte; lindert im

Massage-Öl oder Bade-Zusatz rheumatische Beschwerden und Muskelverspannungen
• unterstützt bei Meditation und Sammlung; hilft, sich auf das Wesentliche zu besinnen; stärkt die Nerven, stabilisiert in arbeitsreichen Zeiten das Zentrum; hält geistig flexibel und klärt Gedanken; harmonisiert bei emotionalem Ungleichgewicht
Wichtig auf naturreine Qualität achten, da im Handel häufig Verschnitte
Harmoniert mit Eukalyptus, Minze-Arten, Salbei, Zirbelkiefer, Zitrus-Düften

GERANIE *Geranium spec.*

Kraut; ähnlich wirkt Palmarosa *Pogostemon cablin*

Herkunft Bulgarien, Frankreich, Ägypten, Marokko, Afrika, China
Duft rosig, blumig, süßlich, erdig
Hauptwirkung beruhigt, besänftigt, aphrodisierend, tonisiert

Geranien-Düfte wirken harmonisierend.

• pflegt fast jede Haut: anspruchsvolle wie trockene, entzündete oder unreine; wirkt blutstillend und entzündungshemmend; lindert verdünnt angewendet Schleimhaut-Entzündung und Juckreiz an den äußeren Genitalien; fördert eine schöne Vernarbung
• öffnet emotional und beruhigt gleichzeitig; bringt in der Aromalampe Harmonie und ein Gefühl der Fülle in Raum und Gemüt
Wichtig allergische Reaktionen auf synthetisches Geraniol möglich, nicht aber auf den natürlichen Komplex
Harmoniert mit Zitrus-Düften, Sandelholz, Guajak-Holz, Rose, Palmarosa, Zeder

HONIG

Waben; ähnlich wirkt Davana *Artemisia pallens*, sehr sparsam dosieren

Herkunft vorwiegend Europa
Duft süß, lieblich, wachsartig, warm
Hauptwirkung tröstet, entspannt besänftigt
• beruhigt im Bade-Öl entzündete Haut; fördert in Cremes und Lippenpflege die Elastizität der Haut und macht diese geschmeidig; als Erkältungs-Bad auch für Kinder geeignet
• weckt Vertrauen, daher bei Bitterkeit, Enttäuschung, Nervosität, Ängsten und Trauer; besänftigt Wut, Ärger und emotionale Verletzungen; gibt im Parfüm eine feine, erwärmende Note – geeignet für fruchtige Damenparfüms und Düfte für Heranwachsende
Wichtig als Absolue nicht einnehmen oder pur auftragen; auf natürliche Qualität achten; nicht bei allergischer Reaktion auf Bienenprodukte
Harmoniert mit Vanille, Cananga, Sandelholz, Zeder, Zitrus-Düften, Benzoe, Bittermandel, Amyris

INGWER *Zingiber officinale*

Rhizom; ähnlich wirkt Gingergras *Cymbopogon martinii*, sehr sparsam dosieren

Herkunft vorwiegend China, Japan
Duft würzig, klassisch herb, bitter
Hauptwirkung aktiviert, regt an, motiviert
• fördert die Durchblutung im Massage-Öl bei Muskelverspannung und Bindegewebsschwäche; erwärmt im Fuß-Bad kalte Glieder; hilft bei Erkältungen; als Körper-Öl oder als Wickel bei Schwangerschaftsstreifen straffend
• Ingwer lädt stark energetisch auf; verhilft zu Kreativität und Selbstausdruck; fördert Mut, Tatendrang und den in Liebe gelebten freien Willen; stärkt Potenz und sinnliche Inspiration, vor allem bei Männern; Gingergras verleiht einen erdenden, stabilisierenden Aspekt, wirkt aber eher im Hintergrund
Wichtig nicht bei starker Vata-Energie, übersteigertem Ego und Geltungsbedürfnis; nicht bei allergischen oder sensiblen Hautreaktionen auftragen; nicht geeignet in hoher Dosierung in der Schwangerschaft und für Kinder unter 14 Jahren
Harmoniert mit Geranie, Ylang-Ylang, Orange, Weihrauch, Rosmarin, Thymian

IRIS *Iris spec.*

Rhizom (wird vor der Destillation mehrere Jahre gelagert); ähnlich wirkt Duft-Veilchen *Viola odorata* (Blätter)

Herkunft vorwiegend Nordamerika, Europa, Afrika, Asien
Duft blumig, warm, lieblich bis herb frisch
Hauptwirkung behütet, beschützt, löst und besänftigt

Iris eignet sich bei trockener Haut.

• nährt, regeneriert und reinigt in der aufbauenden Creme trockene, anspruchsvolle, unreine und empfindliche Haut; beugt im Körper-Öl Schwangerschaftsstreifen vor; hemmt Entzündungen; hilft stark verdünnt bei Neurodermitis; besänftigt in Nachtkerzen-Öl nervöse, beanspruchte Haut; bereitet als feuchtwarme Kompresse die heilkosmetische Behandlung vor
• der Duft entfaltet sich erst in Verdünnung; unterstützt Eigenschaften wie Weichheit, Offenheit, Mitgefühl und Fürsorglichkeit; erinnert in der Aromatherapie zarte Seelen an die Schönheit des Lebens; löst sanft Blockaden, harmonisiert verletzliche und depressive Menschen, vermag feine Risse in der Aura zu kitten; Veilchen-Aroma vermittelt den femininen Yin-Charakter
Wichtig keine innerliche Anwendung; auf naturreine Qualität achten
Harmoniert mit Ylang-Ylang, Sandelholz, Zeder, Neroli, Karottensamen, Amyris

Jasmin ist verführerisch feminin.

JASMIN *Jasminum grandiflorum*

Blüten; ähnlich wirken Tuberose *Polianthes tuberosa* (Blüten); Frangipani *Plumeria rubra* (Blüten)

Herkunft Asien, Europa, Marokko
Duft blumig, schwer, süß, betörend
Hauptwirkung einladend, aphrodisierend, regt die Phantasie an
• in der Gesichts-Pflege für die reifere, trockene Haut geeignet; reguliert die Menstruation; lindert Beschwerden des Prämenstruellen Syndroms (PMS); auf Weizenkeim-Öl ein kostbares Damm-Pflegemittel
• löst sowohl körperliche als auch emotionale Verkrampfung; hellt die Stimmung auf; vermag selbst eingefleischte Pessimisten für die Schönheiten des Lebens zu öffnen; stärkt das weibliche Selbstwertgefühl; unterstreicht die individuelle und charismatische Ausstrahlung von Frauen
Wichtig stark verdünnen; keine innerliche Anwendung; auf natürliche Qualität achten
Harmoniert mit Vanille, Zitrus-Düften, Ylang-Ylang, Vetiver, Sandelholz

ECHTE KAMILLE

Matricaria recutita

Blüten; ähnlich wirken Römische Kamille *Chamaemelum nobile* (Blüten); Wilde Kamille *Ormensis multicaulis* (Blüten)

Herkunft Europa, Russland, Balkan, Marokko
Duft krautig, bitter, tiefgründig
Hauptwirkung heilt, entspannt, besänftigt
• Echte Kamille hilft vorwiegend bei körperlichen Leiden: desinfiziert und unterstützt in Cremes oder Bädern die Wundheilung (ebenso Wilde Kamille); hemmt Entzündungen in Wickeln oder als Auflage bei Ekzemen, Geschwüren und unreiner Haut mit Eiterpusteln, lindert Schmerzen bei Neuralgien oder nervösen Menstruations-Beschwerden; hilft bei Verbrennungen und Sonnenbrand; die Römische Kamille bessert Schleimhaut-Entzündungen
• im Seelischen unterstützt vor allem die Römische Kamille: sie beruhigt bei nervöser Unruhe, innerer Anspannung, hohem Druck und undefinierten Ängsten mit dem Gefühl der Schutzlosigkeit; hilft dabei; traumatisierende Erlebnisse zu verarbeiten; beruhigt und harmonisiert unruhige und zornige Kinder; Römische und Wilde Kamille stimmen froh und kräftigen emotional
Wichtig nicht während homöopathischer Behandlungen
Harmoniert mit Schafgarbe, Lavendel, Karottensamen, Iris, Cistrose, Mandarine, Neroli

KAMPFER *Cinnamomum camphora*

Holz; ähnlich wirken Ho- (oder Scho-) Blätter *Cinnamomum camphora* (Blätter)

Herkunft China, Japan, Mexico
Duft frisch, hell, markant
Hauptwirkung richtet auf, stabilisiert, stärkt
• fördert die Durchblutung bei niedrigem Blutdruck, sorgt daher für einen frischen, rosigen Teint; unterstützt als Massage-Öl und -Balsam auch die Durchblutung, kräftigt die Venen; belebt müdes Gewebe; lindert Muskelverspannungen und rheumatische Beschwerden; reinigt und desinfiziert, ist deshalb auch in einem erfrischenden Rasierwasser geeignet
• reinigt, strukturiert, verleiht Kraft und belebt den Geist; fördert Konzentration, geistige Wendigkeit und Wachsamkeit
Wichtig Überdosierung ist giftig; Daueranwendung fördert Impotenz; nicht während homöopathischer Behandlungen; nicht in der Schwangerschaft, der Stillzeit und für Kinder unter zwölf Jahren
Harmoniert mit Rosmarin, Zypresse, Zeder, Salbei, Zitrus-Düften, Nadelbäumen

KAROTTENSAMEN *Daucus carota*

Samen; ähnlich wirkt Sellerie *Apium graveolens* (Samen)

Herkunft Europa, Asien
Duft würzig, warm, tiefgründig
Hauptwirkung erdet, verbindet, kräftigt
• pflegt in Cremes alternde oder belastete Haut, etwa bei Couperose, Neurodermitis, Ekzemen oder geplatzten Äderchen; regt im Massage-Öl und als Bade-Zusatz den Lymphfluss an; wärmt kalte Füße und verleiht Bodenhaftung im Fuß-Bad; Sellerie reinigt und leitet Giftstoffe aus dem Fettgewebe, entschlackt daher im Körper-Öl während Fastenkuren und bei Cellulite; unterstützt trockene Haut und bewahrt ihre Elastizität; hilft auch – sehr stark verdünnt im Körper-Öl – während der Schwangerschaft; baut in der Gesichtsmaske anspruchsvolle Haut nachhaltig auf
• Karotte wirkt aphrodisierend in Mischung mit Ylang-Ylang; richtet auf; stabilisiert
Wichtig nicht in hoher Dosierung in der Schwangerschaft
Harmoniert mit Ylang-Ylang, Bergamotte, Neroli, Iris, Veilchen, Jasmin, Orange

Karotte wirkt bei beanspruchter Haut regenerativ.

Lavendel gibt es mit verschiedenen Aromen.

LATSCHE *Pinus mugo subsp. mugo*

Nadeln; ähnlich wirken Weiß-Tanne *Abies alba* (Zapfen); Balsam-Tanne *Abies alba balsamea* (Zapfen); Zirbel-Kiefer *Pinus cembra* (Nadeln); Zypresse *Cupressus sempervirens* (Zweige)

Herkunft Europa
Duft frisch, süßlich, bis herb, kienig, waldig, würzig
Hauptwirkung richtet auf, zentriert, stärkt die Nerven
• Zypresse: in der Frauenheilkunde zur Einreibung als Zusatztherapie bei Bauch-Zysten, bei schmerzhafter Menstruation und in der Menopause bei übermäßiger Schweißbildung; fördert die Durchblutung, stabilisiert im Körper-Öl oder Fuß-Bad Krampfadern; reguliert fettende Haut und Kopfhaut; vermindert Schuppenbildung
• Latsche vermittelt eine energetische, stabilisierende und klärende Kraft; reinigt die Raumluft; strukturiert umherschweifende Gedanken und bündelt Ideen; fördert eine positive Lebenseinstellung und stabilisiert die Nerven; Tanne bündelt Energien und hilft, sich auf seine Vorhaben zu konzentrieren und diese auch auszuführen
Wichtig in der Schwangerschaft sparsam dosieren; nicht innerlich anwenden
Harmoniert mit Zitrus-Düften, Myrte, Rosmarin, Wacholder, Cajeput

LAVENDEL *Lavandula spec.*

Kraut; ähnlich wirkt Spiklavendel *L. spica*

Herkunft vorwiegend Frankreich, Bulgarien, Marokko
Duft warm, krautig, süßlich
Hauptwirkung stärkt die Nerven, harmonisiert, regeneriert die Zellen
• regt in der Gesichtspflege, im Körper- oder Bade-Öl die Regeneration und Durchblutung der Zellen an; wirkt wundheilend und fördert eine schöne Vernarbung; beruhigt im Shampoo empfindlichen Haarboden; öffnet vor der kosmetischen Behandlung als warme Gesichtsauflage die Poren; Hydrolat ist geeignet für ein tonisierendes Gesichtswasser und für Kompressen bei geröteten Augen; lindert als Duft (chronische) Verspannungen der Muskulatur und rheumatische Beschwerden
• erinnert an das Wesentliche und verhilft dazu, sich auf das wahre Selbst und die eigenen Wünsche zu besinnen; beruhigt das überanstrengte Gemüt; stärkt ausgebrannte und energielose Menschen; besänftigt negative Emotionen wie Wut oder Verbissenheit; hilft bei Schlaflosigkeit; schützt und relativiert bei emotionalem Durcheinander und sich im Kreis drehenden Gedanken

Wichtig Schopf-Lavendel *L. stoecha* nur für Therapeuten; auf gute Qualität achten
Harmoniert mit Minze, Salbei, Weihrauch, Melisse, Linaloe , Zeder, Baldrian

LEMONGRAS *Cymbopogon citratus*

Blätter; ähnlich wirken Limette *Citrus aurantifolia* (Schale); Litsea *Litsea cubeba* (Früchte); Pampelmuse *Citrus paradisi* (Schale); Zitrone *Citrus limon* (Schale)

Herkunft Asien, Tansania
Duft frisch, zitronig, hell bis sehr hell, leicht bitter
Hauptwirkung hellt die Stimmung auf, belebt, fördert die Konzentration
• wirkt antiseptisch; regt den Lymphfluss an; fördert die Durchblutung und sorgt für ein frisches, lebendiges Aussehen; erfrischt und regeneriert im Sportmassage-Öl und strafft die Haut bei Cellulite; Zitrone löst im Haarwasser Kalkrückstände und verleiht dem Haar schönen Glanz
• regt die Motivation und das Durchhaltevermögen an; fördert die Konzentration, unterstützt deshalb bei Prüfungen oder Hausaufgaben; hellt bei regelmäßiger äußerlicher Anwendung die Stimmung auf, zum Beispiel im straffenden und belebenden Körper-Öl; Limette und Litsea fördern die Kreativität, wenn alles eingefahren erscheint; Pampelmuse lenkt den Blick auf das Wesentliche und Zitrone tröstet in schweren Zeiten; alle Zitrus-Düfte vermitteln Leichtigkeit und Lebensmut
Wichtig erhöht die Photosensibilität; nicht pur auftragen
Harmoniert mit Nadelbäumen, Patchouli, Petit Grain, Minze, Jasmin, Zitrus-Düften

ECHTE MELISSE, ZITRONENMELISSE *Melissa officinalis*

Kraut; ähnlich wirkt bedingt Narde *Nardostachys jatamansi* oder Bergamotte *Citrus bergamia*

Herkunft meist Frankreich
Duft hell, frisch, krautig, zitronig
Hauptwirkung stabilisiert, hellt die Stimmung auf
• hemmt Entzündungen; lindert allergische Reaktionen der Haut (vorher Verträglichkeit testen); reguliert sensible, unreine und fettige Haut; abschwellend und lindernd als Auflage bei Brust-Entzündung; beruhigt im Deo irritierte Haut nach der Achselrasur
• beruhigt und zentriert bei Zuständen, die durch einen zu schnellen Lebenswandel, Stress und damit einhergehender Nervosität entstanden sind, genauso bei emotionaler Belastung wie Traurigkeit, Melancholie, depressiver Stimmung, Angstzuständen, Hyperaktivität; unterstützt Klärung bei Burnout und jeglichem Suchtverhalten;

Melisse ist in der emotionalen Aromatherapie eine feste Größe.

beruhigt bei Aggression; schützt den feinstofflichen Körper sensibler Naturen
Wichtig ist photosensibilisierend; Vorsicht: *M. indicum* ist Citronella mit einigen Melisse-Blättern und stellt keinen Ersatz für die Echte Melisse dar
Harmoniert mit Lavendel, Neroli, Kamille-Arten, Cistrose, Zitrus-Düften , Zeder

PFEFFER-MINZE *Mentha piperita*

Kraut; ähnlich wirken Spearmint *M. spicata* (Kraut) oder andere Minzen

Herkunft Asien (vorwiegend China), Nordamerika
Duft krautig, frisch, mentholartig bis spitz würzig
Hauptwirkung kühlt, erfrischt, fördert die Konzentration
• kühlt bei schweren, gestauten und überhitzten Beinen; lindert 1:1 mit Nelken-Öl Zahnschmerzen; reinigt in selbst bereiteter Zahnpasta, erfrischt im Mundwasser den Atem und stärkt das Zahnfleisch; eignet sich auf Reisen als Riechfläschchen gegen Reiseübelkeit; kühlt im Rasierwasser und hemmt Entzündungen
• Minzen wirken stark konzentrationsfördernd und gleichzeitig entspannend; der Duft ist in Kombination mit Lemongras bei Jugendlichen beliebt und unterstützt den Prozess, eigene Wege zu gehen; motiviert und fördert die Kreativität, hilft daher auch während Prüfungen
Wichtig nicht während homöopathischer Behandlungen; sehr sparsam verwenden; nicht für Kinder unter acht Jahren; Minzen dominieren andere Nuancen schnell
Harmoniert mit Zitrus-Düften, Wacholder, Cajeput, Niaouli, Lavendel, (Muskateller-) Salbei

Pfeffer-Minze ist vielseitig und wirkt kühlend.

NEROLI *Citrus aurantium*

Blüten; ähnlich wirkt Petit Grain *C. aurantium* (Blätter, Zweige, unreife Früchte)

Herkunft vorwiegend Südeuropa, Marokko
Duft blumig, hell, lieblich, leicht, flüchtig
Hauptwirkung besänftigt, beruhigt, gleicht aus, richtet auf
• zart aphrodisierend im pflegenden Körper- und Massage-Öl; in Johanniskraut-Öl als krampflösendes Massage-Öl, lindert Schmerzen, entgiftet und entstaut sanft, deshalb auch bei Cellulite sensibler Haut geeignet; regt die natürliche Zellregeneration an; pflegt als Hydrolat reifere und anspruchsvolle bis trockene Haut; Petit Grain stärkt im Körper-Öl, im Wickel oder auf Bade-Salz bei Bindegewebsschwäche
• Neroli besänftigt und beruhigt bei Ängsten und Frustration; vermittelt Sanftmut und Mitgefühl; hilft, festsitzende Blockaden

abzubauen und das Vertrauen zu nähren; der Duft richtet auf; motiviert, harmonisiert und beruhigt; fördert unaufdringlich die Konzentration und die Harmonie (z.B. während langer Tagungen) reguliert Stimmungsschwankungen, daher sinnvoll in Krisensituationen, Schwangerschaft oder anderen Zeiten der Wandlung
Wichtig wirkt photosensibilisierend; Vorsicht: Neroli wird häufig gefälscht
Harmoniert mit Sandelholz, Zitrus-Düften, Honig, Vanille , Guajakholz, Amyris

ORANGE *Citrus sinensis*

Schale; ähnlich wirken Pomeranze *C. aurantium* (Schale); Mandarine *C. reticulata* (Schale)

Herkunft Südeuropa, Afrika, Israel, Nordamerika
Duft süß, fruchtig, lieblich, warm bis leicht bitter
Hauptwirkung entspannt, hellt die Stimmung auf, harmonisiert
• regt sanft den Blutkreislauf an und fördert einen frischen, rosigen Teint; strafft im Massage-Öl bei Bindegewebsschwäche und Cellulite; löst Krämpfe; Pomeranze belebt im Duschbad und leitet im Bade-Salz aus; Mandarine lindert in Mischungen mit Muskateller-Salbei Schmerzen und löst Krämpfe während der Menstruation
• Orange tröstet und hellt bei depressiven Verstimmungen und Frustration auf; verbindet, öffnet und harmonisiert das Miteinander größerer Gruppen; geeignet für Gruppen von Kindern, da sie diesen Duft meist sehr mögen; unterstützt bei nervöser Unruhe, Ängstlichkeit, Nervenschwäche; vermittelt Geborgenheit

Orange ist bei vielen beliebt und harmonisiert.

Wichtig wirkt wie alle Zitrus-Düfte photosensibilisierend; innerlich nur aus Bio-Anbau; auf frische Qualität achten, da oxidierte Öle nach einem Jahr bitter werden
Harmoniert mit fast allen anderen Düften, besonders mit Ylang-Ylang, Jasmin, Zimt, Zitrus-Düften, Vetiver , Patchouli, Amyris

PALMAROSA *Cymbopogon martinii*

Kraut; ähnlich wirken Geranienarten und Cananga *Cananga odorata*

Herkunft Indien, Nepal
Duft rosig, süß, lieblich
Hauptwirkung harmonisiert, entspannt, löst
• entspannt pur oder in Kompositionen, etwa im hautpflegenden Badewasser; kräftigt im Körper-Öl die Gebärmutter; sorgt sparsam dosiert als Schwangerschafts-Öl für eine elastische Haut an Bauch und Brust; reinigt sanft und hemmt Entzündungen im pflegenden Tonikum bei allen Hauttypen; harmonisiert,

Rose beflügelt die Sinne und entspannt.

erfrischt und unterstützt in Cremes und im Bade-Öl die natürliche Hautfunktion

• fördert in der Schwangerschaft eine harmonisierende Einstimmung auf das familiäre Leben und die Umstellung nach der Geburt; hellt die Stimmung auf und unterstützt den Zugang zur emotionalen Ebene; macht empfänglich für die Liebe, öffnet das Herz

Wichtig verdünnt anwenden, da sonst zu aufdringlich im Duft

Harmoniert mit Zitrus-Düften, Neroli, Rose, Honig, Jasmin , Patchouli, Ho-Blätter, Mandarine

PATCHOULI *Pogostemon cablin*

Blätter; ähnlich wirken Narde *Nardostachys jatamansi*, Vetiver *Vetiveria zizanioides* und Nagar Motha *Cyperus scariosus*

Herkunft Indonesien, Indien
Duft erdig, warm, tiefgründig
Hauptwirkung erdet, stabilisiert, erotisiert

• antiseptisch und entzündungshemmend bei Hauterkrankungen, die mit Schuppenbildung, trockenen Ekzemen und trockener Akne einhergehen; kittet in der Handcreme feine Risse der Haut; schützt im Körper- oder Bade-Öl sensible Haut und hat einen erdenden Effekt; erwärmt im Fuß-Bad und vermittelt Erdverbundenheit

• schützt sensible Seelen; fördert die Standfestigkeit, den Ausdruck der persönlichen Lebenskraft und des Lebensstiles sowie das Selbstwertgefühl; zentriert; schützt den feinstofflichen Körper; unterstützt das Selbstbewusstsein und das Charisma; stabilisiert im Rasierwasser und Herren-Parfüm als tiefgründige Komponente

Wichtig hochwertiges Patchouli sollte mindestens fünf Jahre oder länger gereift sein

Harmoniert mit Iris, Ingwer, Nadelbäumen, Ylang-Ylang allen Zitrus-Düften, Jasmin

ROSE *Rosa damascena, R. centifolia, R. alba*

Blüten; ähnlich wirken bedingt Palmarosa *Cymbopogon martinii* und Rosengeranie

Herkunft Bulgarien, Türkei, Marokko
Duft duftig, lieblich, warm
Hauptwirkung harmonisiert, öffnet das Herz, aphrodisierend

• mit seinen entzündungshemmenden und antiseptischen Eigenschaften einer der wichtigsten Rohstoffe der Naturkosmetik; pflegt vor allem bei gereizter und trockener Haut; tonisiert jeden Hauttyp und reguliert die natürlichen Hautfunktionen; löst körperliche Verspannungen und Hautirritationen, die emotionale Ursachen haben; hochwertige, alkoholfreie Rosenprodukte und Hydrolate beruhigen irritierte Haut bei Allergikern; aus guter Qualität auch bestens zur Kinder- und Säuglingspflege geeignet

• beruhigt und besänftigt; befreit unser Ego von dem Druck, sich darstellen zu müssen; lehrt, (wieder) zu vertrauen; lindert den Zwang, Ängste durch Aktionismus zu kompensieren; vermittelt eine größere Lebensfülle; beruhigt bei Ungeduld, Wut, Groll und Schmerz
Wichtig auf naturreine Qualität achten
Harmoniert mit Sandelholz, Linaloe, Ylang-Ylang, Bergamotte, Honig , Mandarine, Zeder

ROSMARIN *Rosmarinus officinalis*

Kraut; ähnlich wirken Lemongras *Cymbopogon citratus*, Litsea *Litesa cubeba* und Thyminarten

Herkunft Mittelmeerraum, Marokko
Duft frisch, krautig, herb
Hauptwirkung aktiviert, belebt, richtet auf
• belebt bei niedrigem Blutdruck und vermittelt ein frisches und gesundes Aussehen; regt im Massage-Balsam die Durchblutung nachhaltig an, stärkt die Venen; pflegt in allen kosmetischen Produkten unreine, fettende Haut; stärkt den Haarboden – auch bei Haarausfall; lindert (z. B. im heißen Kartoffel-Wickel) Muskelverspannungen, Rückenschmerzen und Hexenschuss
• kräftigt den Energiehaushalt und fördert klare Strukturen und Wachsamkeit im Denken; baut Präsenz und Authentizität auf; schützt und reinigt; unterstützt Selbstfindung und Selbstverwirklichung; stärkt die Selbstsicherheit und seelisch-emotionale Stabilität; hilft bei Konzentrations- und Gedächtnisschwächen
Wichtig nicht in der Schwangerschaft, der Stillzeit, bei Kindern unter zwölf Jahren und bei Bluthochdruck
Harmoniert mit Zitrus-Düften, Eukalyptus, Niaouli, Myrte , Litsea, Cajeput, Zeder

ECHTER SALBEI *Salvia officinalis*

Kraut; ähnlich wirken Weißer Salbei *S. apiana* (Kraut); Muskateller-Salbei *S. sclarea* (Kraut)

Herkunft Südeuropa, Balkangebiet
Duft krautig, würzig bis aromatisch, warm
Hauptwirkung reinigt, stärkt die Nerven, stabilisiert
• hemmt im Massage-Öl oder als Bade-Zusatz Entzündung der Nerven und rheumatische Beschwerden; stärkt in kühlen Wickeln oder Auflagen auf Rosskastanien-Tinktur die Venen; desodoriert und mildert die Schweißproduktion, im Deo oder Fuß-Bad; strafft das Gewebe bei Cellulite; wirkt entzündungshemmend in Cremes bei unreiner und fettiger Haut; alkoholfreies Hydrolat belebt als Gesichtswasser und hilft im Shampoo bei fettigem Haarboden
• reinigt die Atmosphäre im Haus, wirkt stark energetisierend; transformiert negative Energien; hilft bei Unklarheit, Desorientiertheit und mangelndem Verantwortungs-

Salbei kann ganz vielseitig eingesetzt werden.

Die Anwendung in der Duftlampe harmonisiert Raum und Gedanken.

gefühl (sich selbst und auch der Außenwelt gegenüber); Muskateller-Salbei löst Krämpfe und fördert die Kreativität

Wichtig sparsam dosieren, da enthaltenes Thujon giftig ist; nicht in der Schwangerschaft, der Stillzeit und bei Kindern unter sechs Jahren; besonders Muskateller-Salbei regt die Monatsblutung und die Wehentätigkeit an; diesen nicht bei Epilepsie verwenden

Harmoniert mit Zitrus-Düften, Eukalyptus, Myrrhe, Teebaum, Gewürz-Kräutern

ECHTES SANDELHOLZ

Santalum album

Holz; ähnlich wirken Amyris *Amyris balsamifera* (Holz); Zeder *Cedrus* spec. (Holz)

Herkunft hauptsächlich Indien. Echtes Sandelholz steht inzwischen auf der Roten Liste, ein denkbarer Ersatz sind Amyris oder andere Sandelholzarten (z.B. der australische Kultur-Sandel).

Duft holzig, mild, warm, balsamisch bis holzig, rauchig

Hauptwirkung besänftigt, beruhigt, löst Spannungen

- hilft bei vielen Hautproblemen wie Juckreiz, Akne, Couperose und Herpes Zoster; lindert Schwellungen durch Hämorrhoiden; kräftigt im Steinklee-Mazerat die Beinvenen bei beginnenden Krampfadern; pflegt trockene, empfindliche und entzündete Haut; Amyris glättet und pflegt im Körper-Öl die Haut
- Sandelholz löst Blockaden, die aus Schutzmechanismen entstanden sind; regeneriert am Abend den Kräftehaushalt; lässt zur Ruhe kommen; erhebt und zentriert zugleich in der Meditation; verbindet; hilfreich bei allen negativen Emotionen und Gedankenmustern wie Wut, Groll, Verbitterung und Selbstgerechtigkeit

Wichtig Zeder wegen des Thujongehaltes nicht einnehmen

Harmoniert mit Vanille, Zitrus-Düften, Rose, Tuberose, Jasmin, Petit Grain , Neroli

TEEBAUM *Melaleuca alternifolia*

Blätter; ähnlich wirken Niaouli *M. quinquenervia* (Blätter); Cajeput *M. cajeputii* (Blätter)

Herkunft Australien

Duft frisch, würzig, herb, krautig

Hauptwirkung reinigt, schützt, klärt
• stärkt im Mundwasser das Zahnfleisch; fördert im Körper-Öl die Durchblutung; wärmt im Fuß-Bad kalte Glieder; Niaouli und Cajeput stärken Bindegewebe und Gefäßwände bei Venenleiden, Krampfadern und Hämorrhoiden; verdünnt lindern sie Hauterkrankungen wie Schuppenflechte (zuvor Verträglichkeitstest machen, siehe Seite 21); Niaouli unterstützt als Einreibung oder im Badewasser die Behandlung bei Rheuma, Arthritis und Arteriosklerose; alle *Melaleuca*-Arten wirken antiseptisch als Tupfer bei Pickeln, bei Herpesbläschen und Pilz-Erkrankungen
• alle *Melaleuca*-Arten kräftigen und stabilisieren; unterstützen als Duft den freien Willen; Niaouli und Cajeput fördern auf langen Autofahrten die Konzentration
Wichtig Daueranwendung macht resistent; in der Schwangerschaft, Stillzeit und für Säuglinge nur unter fachkundiger Anleitung; auf frische und naturreine Qualität achten, da das Öl nach 2–3 Jahren toxisch wird
Harmoniert mit Zitrus-Düften, Weihrauch, Myrte, Kamille, Gewürz-Kräutern

VANILLE *Vanilla planifolia*

Schoten; ähnlich wirken Benzoe *Besze tonkinensis*, Styrax *Styrax benzoin* und Guajakholz *Guajacum officinale*

Herkunft Madagaskar, Réunion, Mexiko,
Duft süß, warm
Hauptwirkung harmonisiert, entspannt, besänftigt
• angenehm in der Lippenpflege; pur als Parfüm geeignet; wärmt und weckt die Sinnlichkeit im Körper-Öl; besänftigt und beruhigt im Bade-Zusatz für Kinder
• ist bei Kindern besonders beliebt; hellt die Stimmung auf; wirkt als Seelentröster bei (Liebes-) Kummer, akutem Weltschmerz und grundsätzlicher Trauer; umsorgt durch seine aufbauende, öffnende und antidepressive Wirkung
Wichtig wird vielfach synthetisch angeboten; Verschnitte sind zum Teil gesundheitsschädlich, daher auf reine Qualität achten
Harmoniert mit Sandelholz, Ylang-Ylang, Honig, Zimt (sparsam dosiert), Bergamotte, Benzoe, Orange, Mandarine

VETIVER *Vetiveria zizanioides*

Wurzel; ähnlich wirken Narde *Nardostachys jatamansi*, Patchouli *Pogostemon cablin* und Nagar Motha *Cyperus scariosus*

Herkunft Indonesien, Java, Lateinamerika
Duft erdig, balsamisch, tiefgründig
Hauptwirkung erdet, zentriert, schützt
• lindert Muskelverspannungen; regt die Bildung roter Blutkörperchen bei Anämie an; strafft im Körper-Öl das Gewebe, baut

Beim Kauf von ätherischem Vanille-Öl unbedingt auf reine Qualität achten.

deshalb die weibliche Brust auf und beugt Schwangerschaftsstreifen vor; kräftigt als Wickel oder im Fuß-Bad Venenwände und Krampfadern und hilft bei kalten Füßen; nährt in der Hautpflege alternde, rissige, anspruchsvolle und trockene Haut; bietet in Parfüms eine tiefgründige Basis-Note • hilft, wenn es an Erdverbindung und Standfestigkeit im Leben mangelt; fördert die körperliche und geistige Kreativität; untermalt gemeinsam mit Muskateller-Salbei und Blutorange die schöpferische und musische Arbeit; kräftigt, stabilisiert und regeneriert strapazierte Nerven, richtet bei Erschöpfung und Abgeschlagenheit auf; aphrodisierend; steigert die Anziehungskraft von Frauen

Wichtig immer sparsam dosieren, da schnell dominant

Harmoniert mit Zitrus-Düften, Ylang-Ylang, Palmarosa, Geranie, Vanille, Petit Grain

Wacholder-Öl wird aus den Beeren oder aus dem Holz gewonnen.

GEWÖHNLICHER WACHOLDER

Juniperus communis

Holz, Beeren; ähnlich wirkt Rosmarin *Rosmarinus officinalis*

Herkunft Europa, Asien, Nordamerika

Duft holzig, waldig, würzig, harzig, herbfrisch

Hauptwirkung richtet auf, kräftigt, zentriert • stark keimtötend, daher bei Erkältungen und zur Stärkung der körpereigenen Abwehrkräfte sinnvoll; regt die Durchblutung an und stabilisiert den Kreislauf; entkrampft als Einreibung die Muskeln bei Muskelverhärtung und Rheuma; stärkt in Kombination mit Zitrus-Öl schwaches Bindegewebe • bündelt Energien und fördert die Konzentration, unterstützt daher wunderbar bei der (Atem-) Meditation und im Yoga; hilft, emotionale Prozesse zu klären; verleiht Kraft und Ausdauer; schützt in Zeiten der Veränderung und der Wandlung; stabilisiert den positiv ausgerichteten Willen

Wichtig nicht in der Schwangerschaft, Stillzeit, bei Nierenbeschwerden und bei sensibler Haut – Kontaktdermatitis selten möglich; nur stark verdünnt und rein äußerlich

Harmoniert mit Zitrus-Düften, Weihrauch, Myrte, Myrrhe, Eukalyptus, Gewürz-Kräutern

WEIHRAUCH *Boswellia serrata*

Harz; ähnliche wirken Myrrhe *Commiphora molmol* (Harz); Myrte *Myrtus communis* (Kraut)

Herkunft Indien, Äthiopien
Duft rauchig, kienig, süßlich bis bitter-würzig
Hauptwirkung zentriert, klärt, hält zusammen, schützt

- Weihrauch unterstützt reife, trockene und anspruchsvolle Haut, lindert Faltenbildung; regeneriert in der Creme trockene Hände mit entzündlichen Rissen; regt die Zellregeneration an; reinigt normale bis unreine und großporige Haut, stärkt im Massage-Öl oder im Wickel die Venen und das Bindegewebe, daher auch hilfreich bei Krampfadern; fördert die Lymphdrainage; Myrte reinigt auf Basis von Heil-Erde in der Gesichtsmaske und in der Reinigungslotion die Haut; beschleunigt die Wundheilung und fördert in Beinwell-Salbe eine schöne Vernarbung, in der Gesichtscreme auch von Akne-Narben
- Weihrauch strukturiert, klärt und erhebt; begleitet stärkend Meditationen; wirkt stimmungsaufhellend bis leicht euphorisierend; Weihrauch und Myrrhe fördern die Präsenz und das Erleben des Moments; Myrrhe und Myrte bündeln Emotionen und Energien, die zu zerfließen drohen; sie können therapeutisch zum energetischen Schutz des feinstofflichen Körpers eingesetzt werden; Myrte steht für einen reinen, konzentrierten und bewussten Geist

Wichtig verdünnen (Resinoide sind fest); nicht in der Schwangerschaft und Stillzeit
Harmoniert mit Zitrus-Düften, Eukalyptus, Teebaum, Niaouli, Cajeput, Gewürz-Kräutern aus dem Mittelmeerraum

YLANG-YLANG *Cananga odorata*

Blüten; ähnlich wirkt Cananga *C. odorata* (Blüten, Zweige und Blätter)

Herkunft Madagaskar, Südostasien
Duft blumig, süß, exotisch bis herb
Hauptwirkung aphrodisierend, entkrampft

- hilft trockener und anspruchsvoller Haut, Feuchtigkeit aufzunehmen und diese zu speichern; im Haarwachs bei eher trockenem, strapaziertem Haar; entkrampft und regeneriert im Shampoo und als Bade-Zusatz; pflegt und beruhigt die Haut im Körper-Öl an Avocado- und Argan-Öl
- steigert mit der ausgeprägten weiblichen Yin-Note die (feminine) Ausstrahlung; beruhigt und entkrampft; stabilisiert das Selbstwertgefühl; heitert bei Freudlosigkeit auf

Wichtig stark verdünnen
Harmoniert mit Geranie, Palmarosa, Rose, Blutorange, Bergamotte, Sandelholz

Weihrauch-Tinktur: für Salben und Cremes

Feinstoffliche Essenzen aus Pflanzen, Edelsteinen, Metallen und Salz

Feinstoffliche Essenzen beinhalten ähnlich den Bachblüten- oder Blütenessenzen nichts Stoffliches des Ausgangsmaterials. Hier geht es um die Schwingung, die Seele des Pflanzenwesens. Das Stoffliche der Heilpflanzen ist vorwiegend Nahrung und Heilung für den stofflichen Körper. Ätherische Öle sprechen uns vor allem auf der emotionalen Ebene an. Feinstoffliche Essenzen berühren uns hingegen auf unserer spirituellen Ebene. Der feinstoffliche Weg ist eine spirituelle Herangehens- und Betrachtungsweise, die vielleicht nicht jedermann anspricht, jedoch ganzheitliche Aspekte in Ihre Kosmetik integrieren kann. Wenn man die Haut nicht nur als Organ versteht, sondern als Pforte von der Innen- in die Außenwelt, sind diese Essenzen ein Geschenk des Himmels.

BLÜTEN, BLÄTTER, PFLANZENKRAFT

APFELBAUM *Malus domestica*

Charakter besänftigt, beruhigt, gleicht aus
Gut zu wissen die wirkungsvollsten Essenzen lassen sich aus alten ursprünglichen Apfel-Sorten gewinnen; Sammelzeit von Blüten und Blättern am besten vor der Fruchtreife je nach Sorte Frühling und Sommer
Wirkung nährt den inneren Frieden und stärkt das Urvertrauen; befreit von dunklen Gedanken und Sorgen; unterstützt das innere Gleichgewicht, lindert die Urangst, nicht gut genug zu sein; eine Essenz vom fruchttragenden Baum nährt, baut auf und zentriert zugleich
Heilkosmetik schützt und nährt in einer milden, antiallergischen Creme nervöse Haut; so wirken auch ein paar Tropfen der Essenz auf einem Hydrolat wie dem der Cistrose; hilft im Badezusatz nach anstrengenden Tagen, wieder ins eigene Zentrum zu finden

Baldrian beruhigt die überanstrengte Seele.

ECHTER BALDRIAN *Valeriana officinalis*

Charakter zentriert, löst, regeneriert
Gut zu wissen aus der frisch erblühten Pflanze zubereiten, ab Juni
Wirkung hilft während schwierigen Schwangerschaften und nach schweren Geburten; hilft sensiblen Menschen, sich in veränderten Lebenssituationen zurechtzufinden; beruhigt bei Prüfungsängsten und ähnlichen Stress-Situationen; fördert die Erdverbundenheit; tröstet bei (Liebes-) Kummer; besänftigt und harmonisiert bei innerer Unruhe und Rastlosigkeit; stärkt die Persönlichkeit; ermutigt zu Entscheidungen zu stehen, fördert einen geerdeten Bezug zu sich selbst.
Heilkosmetik entspannt als Badezusatz Körper wie Geist in emotional schwierigen Phasen, die sich auf das Hautbild auswirken und das allergische Potenzial begünstigen; beruhigt in der Creme wunde, rissige und gerötete Haut; lindert nervöse Hautreaktionen und Allergien mit Juckreiz

BLUTWURZ *Potentilla erecta*

Charakter harmonisiert, befreit von Leid, befriedet
Gut zu wissen die Essenz im Frühling oder Herbst zubereiten
Wirkung erleichtert es, sich nach Ortswechsel oder in neue Umstände einzuleben; hilft, schwierige oder veränderte Situationen anzunehmen; besänftigt das schmerzhafte Gefühl der Entfremdung von der Natur; fördert die vorurteils- und wertfreie Verbundenheit zu allen Wesen, nährt das Vertrauen und die Hingabe
Heilkosmetik lindert in Creme und Tonika nervösen Juckreiz der Haut; schützt in der Creme die sensible Haut von Großstadtmenschen und unterstützt auch als Badezusatz Situationen von Lebensumstellungen; lindert innerlich angewendet allergische Reaktionen und Hypersensibilität der Haut

Blutwurz erleichtert das Ankommen in neuen Lebenssituationen.

GROSSE BRENNNESSEL *Urtica dioica*

Charakter schützt, kräftigt die Nerven, stärkt das Selbstwertgefühl
Gut zu wissen am besten eine Pflanze aus der Umgebung verwenden; je schutzbedürftiger man sich fühlt, desto mehr Brennhaare darf sie besitzen
Wirkung schützt und erfüllt das Ich mit dem gelebten Sein; erleichtert es, sich klare Ziele zu setzen, zu spüren, wohin man möchte und verleiht die nötige Energie, diese umzusetzen; hilft unsicheren und verzagten Menschen, sich freundlich, aber bestimmt gegen die Ansprüche anderer abzugrenzen; stärkt den Selbstwert von Menschen, die oft unbeabsichtigt mit ihrer Umwelt in Konflikt oder in Kritik geraten
Heilkosmetik verhilft im Badezusatz oder in der Körpercreme „dünnhäutigen“ und sensiblen Menschen zu mehr Selbstschutz, um ihr Innerstes zu schützen; geeignet für Allergiker, die sich durch Mitmenschen bedrängt und dadurch schutzlos fühlen

EBERESCHE *Sorbus aucuparia*

Charakter hellt die Stimmung auf, erhebt, richtet auf
Gut zu wissen aus dem beerentragenden Baum zum Zeitpunkt der Fruchtreife zubereiten; gut mit anderen Essenzen zu mischen, die dem jeweiligen Gemütszustand entsprechen: beispielsweise mit dem klärenden Steinklee (Honigklee) oder dem entspannenden Johanniskraut

Wirkung weckt die Lebensfreude und erhellt bei Traurigkeit, Missmut, grundsätzlicher Unzufriedenheit, Mutlosigkeit und dunklen Gedanken das Gemüt; stärkt die Seele und das Vertrauen in eigene Entscheidungen; öffnet die Wahrnehmung für das Schöne, Feine und Leichte im Leben
Heilkosmetik hilft bei innerer Anwendung, im (Fuß-) Bad oder in der Körpercreme bei emotional begründeten Hautproblemen, die durch Selbstwertmangel hervorgerufen werden; unterstützt neben der inneren Anwendung als Zugabe im Badewasser Optimismus und Fröhlichkeit

Angelika fördert das Selbstbewusstsein.

ECHTES EISENKRAUT
Verbena officinalis

Charakter klärt, motiviert, regt an, fördert die Konzentration
Gut zu wissen aus dem Kraut kurz vor der Blüte im April und Mai zubereiten
Wirkung bündelt und fokussiert unruhige und rastlose Gedanken; hilft, das Wesentliche vom Unwesentlichen zu unterscheiden; öffnet für neue Ideen und Perspektiven in Zeiten der (beruflichen) Neuorientierung und Visionen; hilft, klarer zu sehen, sowie Ideen und Überzeugungen zu reflektieren
Heilkosmetik lindert als Badezusatz oder Körperlotion Juckreiz und ein allergisches Hautbild mit Rötungen und Ausschlägen; motiviert und regt das Tun an: als Zusatz im morgendlichen Rasierwasser, im Bad oder Duschbad

ECHTE ENGELWURZ, ANGELIKA *Angelica archangelica*

Charakter schützt, nährt, kräftigt
Gut zu wissen ab Mai / Juni aus der gesamten Pflanze (mit Wurzel) kurz vor der Blüte zubereiten
Wirkung stärkt die Erdverbundenheit und damit die Standfestigkeit und das Selbstbewusstsein; unterstützt die Persönlichkeit und die Selbstakzeptanz; befreit vom Zwang, es anderen Recht machen zu wollen und stärkt die Selbstakzeptanz; geeignet bei Überlastung, Überarbeitung und Übermüdung oder in Lebenskrisen
Heilkosmetik neben der vorwiegend innerlichen Anwendung der Essenz wirkt ein Fuß-Bad emotional erwärmend, nervlich

kräftigend und aufrichtend, ohne zu sehr zu beleben; entfaltet im Körper-Öl oder einer Lotion eine schützende Aura

GÄNSEBLÜMCHEN *Bellis perennis*

Charakter stimmt positiv, erleichtert, mildert Reize
Gut zu wissen aus dem blühenden Kraut zubereiten; Sammelzeit Frühling bis Herbst (vor dem ersten Frost)
Wirkung stimmt leicht und optimistisch; fördert den Fluss der positiven Lebensenergie und stärkt bei emotionaler Dünnhäutigkeit; schützt Wöchnerinnen vor dem hormonell bedingten Gefühlschaos; hilft, nach emotionaler Verletzung neue Lebenssituationen leichter und spielerischer anzunehmen und die darin enthaltenen Chancen zu entdecken; erinnert an das Wahrhafte und Schöne im Leben
Heilkosmetik besänftigt und beruhigt gereizte Stimmungen und in der Creme auch die gereizte Haut; lindert das Hautbild prägende Rötungen, beruhigt schuppige Haut; geeignet für energetische Raumsprays mit Zitrus-Ölen zur stimmungsaufhellenden Vitalisierung der Räume

GEWÖHNLICHER GUNDERMANN *Glechoma hederacea*

Charakter zentriert, regeneriert, löst
Gut zu wissen beruhigt akute Zustände; verstärkt die Wirkung anderer Essenzen; ergänzt psychologische Therapieformen
Wirkung beruhigend bei innerer Unruhe, Ängsten unterstützt daher in der Trauma-

Gundermann lindert ein gereiztes Hautbild.

Therapie; stärkt das Selbstwertgefühl der Menschen, die Mangel an Zuspruch mit Verhaltensweisen wie Nägelkauen, Kettenrauchen oder Ess-Sucht kompensieren; beruhigt hyperaktive Personen; nährt das Vertrauen und hilft, loslassen zu können, was unfruchtbar und zerstörerisch ist natürlich bei zusätzlicher kompetenter Unterstützung
Heilkosmetik regeneriert in der Creme die gerötete und unreine Haut unruhiger und unsicherer Menschen; lindert Beschwerden eines durch Schwermetalle und Umweltgifte gereizten Hautbildes; beruhigt nach der Rasur in Gesichtswasser Stressreaktionen der Haut

HECKEN-ROSE, HUNDS-ROSE *Rosa canina*

Charakter öffnet das Herz, besänftigt, stimmt liebevoll
Gut zu wissen aus einem (wilden) älteren blühenden Strauch zubereiten; ab Juni
Wirkung öffnet den Blick für das Zarte und Leise sowie für die Fülle des Lebens; lässt die innere Ruhe spüren; stärkt die Liebe zu sich selbst und zu den Mitmenschen; unterstützt die Selbstachtung; beruhigt bei negativen Emotionen wie Wut, anhaltendem Groll und Aggressionen; erinnert an die eigentlichen Ziele im Leben; fördert einen liebevollen Umgang mit sich und seinen Mitmenschen
Heilkosmetik besänftigt und schützt im Badezusatz und in der Gesichtspflege problematische Hautbilder wie Akne, Neurodermitis oder Couperose; regeneriert Reaktionen der Haut auf lieblose Behandlung sowohl kosmetischer als auch seelischer Natur

Johanniskraut pflegt trockene und juckende Haut.

INGWER *Zingiber officinale*

Charakter löst, klärt, offenbart
Gut zu wissen am besten aus der ganzen (Topf-) Pflanze zubereiten; alternativ aus dem Rhizom in Bio-Qualität; ganzjährig
Wirkung ermutigt zur kreativ gelebten Selbstentfaltung und -verwirklichung; inspiriert und öffnet die Persönlichkeit für die Freuden des Lebens, die Kunst und des Genusses; verleiht Energie; hilft, die Balance zwischen persönlicher Freiheit und Rücksicht auf andere zu halten; stärkt das Selbstvertrauen unsicherer, sich selbst aufopfernder Menschen und das Selbstwertgefühl derer, die sich nicht mehr spüren
Heilkosmetik wärmt als Fuß-Bad kalte Füße – gut und passend auch in Kombination mit dem ätherischen Ingwer-Öl; regeneriert und regt die Durchblutung grauer, bleicher und mangeldurchbluteter Haut resignierter Menschen an

JOHANNISKRAUT *Hypericum perforatum*

Charakter entspannt, löst Krämpfe, befreit
Gut zu wissen aus der blühenden Pflanze zubereiten; ab Juli und August
Wirkung vertreibt dunkle Gedanken bei Melancholie, allgemeinem Weltschmerz, Selbstmitleid und undefinierbaren Ängsten; besänftigt Vergeltungsgefühle nach Verletzungen; hilft, traumatisierende Erlebnisse zu verarbeiten; entspannt kontrollsüchtige Menschen; lindert das Gefühl der Trennung und Einsamkeit und unterstützt das Urvertrauen, bringt Licht ins Dunkel
Heilkosmetik beruhigt als Badezusatz, in

Cremes oder Lotionen gestresste und gerötete Haut (Sonnenbrand); pflegt reife und trockene, juckende Haut

KLETTEN-LABKRAUT

Galium aparine

Charakter klärt, behütet, löst
Gut zu wissen kann jederzeit und schnell zubereitet werden: einfach eine Glasflasche mit einem guten Quellwasser für etwa eine Stunde in eine kraftvolle Pflanze hineinlegen; die Pflanze muss dazu nicht abgeschnitten werden
Wirkung hilft unstrukturierten und unkonzentrierten Menschen zu mehr Klarheit; öffnet den Blick für das Wesentliche; hilft, seelischen und körperlichen Ballast loszuwerden; fördert Selbsterkenntnis und den Prozess der liebevollen Selbstannahme
Heilkosmetik strafft und stärkt als Badezusatz das Bindegewebe; unterstützt die Festigkeit der Haut während und nach Diäten; wirkt bei täglicher Einnahme reinigend und ausleitend

GEWÖHNLICHER LÖWENZAHN

Taraxacum officinale

Charakter entkrampft, löst, klärt
Gut zu wissen aus der frisch blühenden Pflanze zubereiten; Sammelzeit ab April
Wirkung klärt das Bewusstsein; lehrt Zufriedenheit und Selbstachtung sowie das wertfreie Erkennen des Gegenübers; hilft, sich von negativ geprägten Lebensmustern zu verabschieden; öffnet und stärkt die Seele für notwendige Veränderungen; gibt die

Löwenzahn kräftig und klärt.

Kraft, dem zu dienen, was wir aus ganzem Herzen für gut und richtig halten
Heilkosmetik 1-2 Tropfen im motivierenden Körper-Öl unterstützt die klärenden und kräftigenden Eigenschaften der Essenz; für einen stärkenden und aufrichtenden Badezusatz auf Salz geben; gut für ein stärkendes Rasierwasser oder Parfüm

MELISSE, ZITRONEN-MELISSE

Melissa officinalis

Charakter besänftigt, bewahrt, schützt
Gut zu wissen aus einem kraftvollen, mindestens 2-jährigen Strauch vor der Blüte zubereiten; April bis Juni
Wirkung lässt das eigene Handeln bewusst werden und hilft, Lebensprägungen zu erkennen sowie Lebensumstände zu ändern; besänftigt bei emotionalen Ausbrüchen; hilft Menschen, die sich oftmals gehen las-

Pappel hilft bei problematischen Lebensthemen wie auch bei problematischer Haut.

sen oder sich selbstmitleidig beklagen, ihren Platz im Leben nicht zu finden; nährt die Eigenverantwortlichkeit
Heilkosmetik beruhigt in der Gesichts- oder Handcreme gestresste und nervöse Haut, die durch einen fordernden Lebenswandel überstrapaziert wird; mildert durch exzessive Gewohnheiten bedingte Hautrötungen sowie Couperose

PAPPEL *Populus spec.*

Charakter löst, klärt, offenbart
Gut zu wissen im blühenden Stadium ab März und April zubereiten
Wirkung richtet auf; ordnet die Gedanken vor schwierigen Entscheidungen oder Begebenheiten; ruft verdrängte Erlebnisse und Verletzungen ins Bewusstsein und hilft, sie zu verarbeiten; löst Denkblockaden; unterstützt Abnabelungsprozesse; klärt karmische Prozesse der Schuld auf; offenbart seelische Tiefe
Heilkosmetik unterstützt neben innerer Anwendung als Badezusatz tiefgründige, emotionale Heilprozesse; hilft in der Körperpflege oder Maske bei problematischer Haut sowie bei Akne

ECHTE QUITTE *Cydonia oblonga*

Charakter hellt die Stimmung auf, erheitert, entspannt
Gut zu wissen aus dem blühenden Baum im April oder Mai zubereiten
Wirkung richtet auf; hilft, die eigenen Wünsche und Motivationen bewusst zu machen; stärkt wankelmütige, unentschlossene Menschen; verhilft zu mehr Tiefe und unterstützt es, Ersatzhandlungen wie übermäßiges Schlafen und Fernsehkonsum zu erkennen; weckt die Freude und die Lebenskraft resignierter Menschen
Heilkosmetik beruhigt in Creme oder Maske, als Badezusatz, in Körperbutter, bei der Gesichtspflege sowie im Raumspray nervösen Tendenzen; mildert Symptome frühzeitiger Hautalterung

WIESEN-SCHAUMKRAUT *Cardamine pratensis*

Charakter konzentriert, klärt, strukturiert
Gut zu wissen Essenz aus der oberirdischen Pflanze im blühenden Zustand zubereiten; Sammelzeit ab April
Wirkung fördert die Konzentration und

Wachheit; lässt die Zusammenhänge des Großen und Ganzen erkennen; unterstützt das erfüllende Erleben und Genießen des Augenblicks; schützt vor ausweglosem rationalem Zergliedern und Kopflastigkeit sowie vor Bevormundung oder Grenzüberschreitungen durch andere Menschen
Heilkosmetik aktiviert als Badezusatz den Körper und Geist in Form von belebenden Bädern; fördert in der Körperlotion oder im Körper-Öl sowie innerlich angewendet die Durchblutung bei müder Haut oder bei Bindegewebsschwäche; strafft die Haut in der Gesichtspflege

GEWÖHNLICHE SCHLEHE *Prunus spinosa*

Charakter stärkt, richtet auf, schützt, klärt
Gut zu wissen aus dem blühenden Strauch ab März zubereiten
Wirkung bietet Halt, wenn ungelöste Emotionen in häufigen Weinkrämpfen, andauerndem Selbstmitleid oder „Sich-Gehen-Lassen" ausufern; weckt Lebensmut und Tatendrang, vitalisiert und heitert auf; hilft sich zu öffnen und sich mit der Umwelt zu versöhnen; stärkt das Selbstbewusstsein kontaktscheuer, verschlossener Menschen, die Abweisung fürchten; fördert Selbsterkenntnis sowie einen klaren Blick für die wesentlichen Dinge des Lebens
Heilkosmetik regeneriert und belebt im Badezusatz oder in der Lotion müde und schlaffe Haut; strafft und stärkt bei Cellulite im Wickel die Haut und lindert Schwangerschaftsstreifen (beispielsweise auf Algenpaste an Zitrus-Öl)

ECHTER STEINKLEE, HONIGKLEE *Melilotus officinalis*

Charakter stärkt den Willen, unterstützt
Gut zu wissen aus der frisch erblühten Pflanze ab Juni zubereiten; nicht für sehr aggressive oder laute Menschen geeignet
Wirkung regt die Willenskraft und Kreativität an; macht verborgene Wünsche bewusst und ermutigt, sie zu erfüllen; stärkt die Nerven im Vorfeld zu unangenehmen Situationen wie Aussprachen oder Auftritten; nährt das Ich-Gefühl und fördert die Selbstverwirklichung zurückhaltender Menschen
Heilkosmetik wirkt ausheilend als Zusatz im Bade-Öl oder in Cremes, Lotionen oder Balsamen für die Körperpflege bei autoaggressiven, allergischen Hautreaktionen, die sich aufgrund aufgestauter Unzufriedenheit und zurückgehaltenen Ärgers entwickelt haben – die Haut scheint stellvertretend „platzen" zu wollen, indem sie schuppig oder rissig wird

Steinklee lindert aggressive Impulse, die auch die Haut „rissig" werden lassen.

WEISSE TAUBNESSEL *Lamium album*

Charakter fördert die Intuition, stärkt die weiblichen und mütterlichen Anteile, besänftigt
Gut zu wissen aus der oberirdischen Pflanze kurz vor der Blüte ab Juli zubereiten
Wirkung macht die wahren Wünsche sowie die besten Anlagen bewusst; verbindet mit dem uralten Wissen der *weisen Frau*, stärkt die Intuition; hilft, seine gefühlvolle und weiche Seite zu entdecken und anzunehmen; weckt verloren gegangene Neugierde und die Lust darauf, Neues zu entdecken; unterstützt Frauen in ihrer weiblichen Kraft
Heilkosmetik pflegt in der Lotion sehr zarte Haut; schützt junge Haut und kann auch gut ins Kinderbad gegeben werden

Tausendgüldenkraut löst Eingefahrenes und regeneriert.

ECHTES TAUSENDGÜLDENKRAUT *Centaurium erythraea*

Charakter löst, befreit, stärkt den Selbstwert, zentriert
Gut zu wissen aus der oberirdischen Pflanze kurz vor der Blüte ab Juni zubereiten
Wirkung befreit von überflüssigem seelischem Ballast; hilft, sich von starren Überzeugungen und Strukturen zu lösen und das eigene Wesen zu erkennen; hebt die leichten und schönen Seiten des Lebens hervor und lässt Lebensfreude zu; befreit aus rigiden Mustern und löst Verklemmung
Heilkosmetik regeneriert und stärkt nach anstrengenden Tagen im Fuß-Bad die Füße; regt im Körper-Öl oder Badezusatz die Durchblutung fahler und durchblutungsarmer Haut verbissener Menschen an; wirkt auch im Raumspray anregend

DUFT-VEILCHEN *Viola odorata*

Charakter nährt Gelassenheit, besänftigt, öffnet
Gut zu wissen aus der blühenden Wildform zubereiten; Sammelzeit März oder April, auch zur zweiten Blüte im Herbst
Wirkung erweckt sanft die Liebesfähigkeit; öffnet nach verletzenden Erfahrungen die Seele; stärkt das Vertrauen von Menschen, die sich hinter Gefühllosigkeit verstecken; befreit das Herz; fördert Heilung auf emotionaler Ebene
Heilkosmetik verbessert als Badezusatz oder in der Hautpflege die (allergische) Haut zarter Menschen, die ihre Emotionen unterdrücken; unterstützt sensible Gemüter und ihr Hautbild sowie die zarte Haut kleiner Kinder

VOGELMIERE, VOGEL-STERN-MIERE *Stellaria media*

Charakter beruhigt, bestärkt, erweckt
Gut zu wissen von März bis Oktober ansetzen
Wirkung verbindet mit den nährenden Kräften der Natur; besänftigt und entspannt unruhige, zerrissene Menschen und lässt sie ihren Platz im Leben (wieder) finden; harmonisiert; befreit von den Sichtweisen anderer, zeigt den eigenen Weg auf; stabilisiert das Gleichgewicht und die innere Zentriertheit
Heilkosmetik besänftigt in der Augen- und Gesichtspflege Rötungen und Reizungen der Haut; belebt als Badezusatz unreine, müde, schlaffe oder mangeldurchblutete Haut; gute Wirkung in der Reinigungslotion

WACHOLDER *Juniperus communis*

Charakter richtet auf, kräftigt, stärkt den Selbstwert
Gut zu wissen Beeren erst nach drei Jahren reif, weshalb am Strauch unreife grüne neben reifen Früchten mit blauer Färbung stehen; Essenz während der Beerenreife herstellen; Sammelzeit September bis November
Wirkung läutert und reinigt; erinnert an innere Werte, fördert den Idealismus; schützt, wenn wir uns zerbrechlich fühlen; unterstützt Menschen, die anderen nach dem Mund reden und ihr eigenes Selbst vernachlässigen , fördert außerdem das Loslassen
Heilkosmetik stark reinigend; sinnvoll bei unreiner Haut; auch bei allergischem Potenzial, das mit emotional bedingten Bauchschmerzen und Verstopfung einhergeht

WEGWARTE *Cichorium intybus*

Charakter lösend, klärt das Bewusstsein, schützt, beruhigt
Gut zu wissen mit Beginn der Blütezeit ab Juli bereiten, wobei die Flasche den Erdboden berühren sollte
Wirkung vermittelt eine tiefe Verbundenheit mit unserem wahren Kern; fördert auf unaufdringliche Weise das Beste in uns und somit einen Prozess der natürlichen Entwicklung, gerade wenn wir fest gefahren sind oder es allen recht machen zu wollen; befreit von Abhängigkeiten
Heilkosmetik hilfreich in einer Creme oder im Badewasser bei fahler, müder oder energiearmer Haut, um sie zu aktivieren; fördert ein lebendiges Aussehen, auch bei der Haarpflege, besonders bei empfindlichem Haarboden

Wegwarte fördert ein vitales Aussehen.

EDELSTEINE, METALLE UND SALZ

AQUAMARIN

Charakter entspannt, löst, klärt
Gut zu wissen entweder dunkle oder sehr klare Steine verwenden
Wirkung heitert auf, wenn das Leben schwer und zäh erscheint; ermuntert dazu, sich aus vorbestimmten Rollen zu lösen und an sich selbst und an die eigenen Stärken zu glauben; regt zur Umsetzung neuer Projekte und zur Verwirklichung von Ideen an; mildert Bindungsängste; fördert ein zielstrebiges und effektives Handeln
Heilkosmetik senkt als hautbildklärender Zusatz in der Reinigungslotion oder Maske die Bereitschaft der Seele und des Körpers zu allergischen Reaktionen und Unreinheiten; wirkt im Raumspray klärend und in einer Creme bei geschwollenen Augen

Bergkristall verstärkt die Bewusstheit – und die Wirkung von heilkosmetischen Inhaltsstoffen.

BERGKRISTALL

Charakter zentriert, verbindet, stärkt die Intuition
Gut zu wissen je klarer und reiner der Ausgangsstein, desto wirksamer; am besten große, ungeschliffene, spitze Steine verwenden
Wirkung klärt die Gedanken; hilft, sich zu orientieren; fördert Kreativität, Ideenreichtum und die Entwicklung der Persönlichkeit; unterstützt das Verantwortungsbewusstsein; stärkt die Zuversicht unsicherer und schüchterner Menschen und verhilft zu einem kraftvollen Selbstausdruck; nährt den Selbstwert von Menschen, die sich ungeliebt oder ungesehen fühlen
Heilkosmetik verstärkt die Wirkung aller anderen Essenzen und phytotherapeutischer Wirkstoffe selbstgemachter Heilkosmetik; beruhigend und klärend im Gesichtsrasierwasser die Haut

ECHTER CITRIN

Charakter unterstützt, hellt die Stimmung auf, erleichtert
Gut zu wissen unbedingt einen echten Stein verwenden: gebrannter Amethyst, der oft als Citrin angeboten wird, ist wirkungslos
Wirkung beschwingt das Herz und weckt bei dunklen und pessimistischen Gedanken die Lebensfreude, Hoffnung und Zuversicht; fördert die kreative und kindliche Entdeckerlust im Erwachsenen; erleichtert schüchternen Menschen den Zugang zu ihren Mitmenschen; ermutigt dazu, das Leben mit Energie und Neugierde zu erleben und schöpferisch daran teilzuhaben; erfüllt mit Leichtigkeit und Freude

Heilkosmetik belebt und wärmt im Fuß-Bad, als Badezusatz während der kalten Jahreszeit oder als Körperlotion schlanke und fröstelnde Menschen; regt in der Gesichtscreme eine bleiche und fahle Gesichtshaut an

GOLD

Charakter stabilisiert, unterstützt, nährt
Gut zu wissen nur reines Gold verwenden: legierte Schmuckstücke sind wirkungslos
Wirkung fördert und stabilisiert den Glauben an eine gute Entwicklung; erleichtert das Lösen von destruktiven Gewohnheiten; unterstützt emotionale Heilungsprozesse; bringt innere Ruhe und Zufriedenheit; stabilisiert den Glauben und das Vertrauen an Freiheit und Wahrhaftigkeit
Heilkosmetik unterstützt die Regeneration geschädigter Körperzellen; pflegt in der Gesichtscreme verletzte Haut; verstärkt die Wirkung entspannender und wärmender Inhaltsstoffe; hellt als Zutat im Parfüm oder Raumspray die Aura auf

MONDSTEIN

Charakter verbindet, stärkt Visionen, klärt das Bewusstsein
Gut zu wissen alle Varianten sind geeignet: sowohl die hellere als auch die dunklere sowie der Rauch-Mondstein
Wirkung mit seiner fließenden, weichen Form gehört er zu den weiblichen Steinen und unterstützt heilende, aber auch sozialkompetente Eigenschaften; lässt daher auch tendenziell destruktiv-maskulin auftretende Männer ihre weiche Seite erkennen und ausleben; öffnet und weitet den Blick für den Sinn des Lebens; hilft, einen sinnerfüllten Lebensweg zu finden
Heilkosmetik lindert als Badezusatz schutzbedürftige Haut; beruhigt in der Augencreme die Haut und stärkt den Weitblick; regeneriert und stärkt jeden Hauttyp

Gold unterstützt Heilungsprozesse.

MOOSACHAT

Charakter erdet, kräftigt, beruhigt
Gut zu wissen ein von moosartig anmutenden Strukturen durchzogener Stein; je mehr „Moosfäden“ enthalten sind, desto kraftvoller und erdender die Wirkung
Wirkung verbindet mit der Urkraft der Erde; stabilisiert; öffnet den Blick für die nährenden und erdenden Kräfte der Natur; fördert Kontinuität und wache Aufmerksamkeit; entschleunigt und beruhigt bei Stress und Unruhe; regeneriert nach Anstrengung und bei Erschöpfung; entspannt Menschen, die stets ihren Willen durchzusetzen streben und lehrt, loszulassen

Heilkosmetik erdet im Fuß-Bad den Gesamtstoffwechsel; beruhigt im Öl-Bad gereizte, gerötete, sowie schuppige Haut; pflegt die Männerhaut nach der Rasur; kann als Stein auch auf kleine Schnitte aufgelegt werden, beruhigt die Haut

PYRIT

Charakter lindert Schmerzen, offenbart, transformiert
Gut zu wissen eine große und intakte Pyrit-Sonne verwenden
Wirkung lindert emotionale wie körperliche Schmerzen; offenbart hinter dem Schmerz verborgene Wünsche wie etwa Umsorgt- oder Vor-Belastungen-verschont-werden; bringt Verdrängtes ans Licht: daher nur dann einnehmen, wenn man bereit und stabil genug ist, sich mit seiner Vergangenheit und seinen emotionalen Triebfedern auseinander zu setzen
Heilkosmetik unterstützt als Bad oder Creme die Heilung bei langwierigen Hautproblemen; die Pyrit-Sonne selbst kann auf schmerzhafte Stellen des Körpers aufgelegt oder mit ins Bad genommen werden

ROSENQUARZ

Charakter öffnet das Herz, besänftigt, entspannt, beruhigt
Gut zu wissen Rosenquarz gibt es in unterschiedlicher Farbgebung und Qualität: optimal sind große Stücke von dunkler Farbe
Wirkung lässt die Schönheit des eigenen Wesens erstrahlen und öffnet diejenigen, die ihre Herzlichkeit aus Selbstschutz unter einem rauen Äußeren verstecken; bringt die besten Eigenschaften zum Vorschein; fördert ein harmonisches und offenes Miteinander; hilft übermäßiges „Wollen“ und „Sollen“ hinter sich zu lassen und Erfüllung im Sein zu finden
Heilkosmetik unterstützt das jugendliche Hautbild; der Stein im Badewasser oder als Badezusatz entspannt und lässt Körper und Geist zur Ruhe kommen

Rosenquarz (Mitte) vermittelt ein jugendliches Aussehen.

SILBER

Charakter strukturiert, erweckt, klärt
Gut zu wissen unbearbeitetes und unlegiertes Silber verwenden
Wirkung unterstützt und beschleunigt mentale Entwicklungen; fördert die geistige Regsamkeit und Auffassungsgabe; stärkt den Tatendrang; verbessert die Wahrnehmung; setzt Kreativität frei; inspiriert zu neuen Lebensentwürfen; fördert Struktur
Heilkosmetik lindert in der Creme oder der Reinigungslotion und im Rasier- oder im

Gesichtswasser entzündliche Prozesse der Haut, auch bei Neigung zu Pustelbildung und Akne; Silberkoloid in der Creme pflegt entzündete Haut

SODALITH

Charakter beruhigt, entspannt, löst
Gut zu wissen den Stein bei anhaltendem Stress zusätzlich als Schmuck tragen oder ins Trinkwasser legen
Wirkung beruhigt und stärkt bei selbsterzeugtem Stress und Druck von außen; stärkt die innere Zufriedenheit; veranlasst dazu, sich selbst Gutes zu tun; schafft die Basis für den Prozess der Selbstliebe und Selbstannahme
Heilkosmetik lindert als Zusatz in der Gesichtscreme nervöse, stressbedingte Hautbeschwerden; pflegt in Waschwasser gerötete und schuppige Haut; lindert gereizte Hautreaktionen

SCHWARZER TURMALIN

Charakter schützt, zentriert, bewahrt
Gut zu wissen wirksam sind vor allem die Varianten Schwarzer Schörl oder Wassermelonen-Turmalin
Wirkung Schwarzer Schörl ist einer der stärksten Schutzsteine: er bewahrt die äußerste Schicht der Aura und lässt Freiraum zur Selbstentfaltung; stärkt in Krisenzeiten, bei emotionaler Dünnhäutigkeit und Überlastung; Wassermelonen-Turmalin ist der Aufbau-Stein für die Seele: er schützt und behütet bei Verletzungen, Verlassenheit und Trauer; bewahrt davor, sich in schweren Zeiten zu verschließen

Ursalz wirkt reinigend und ausleitend.

Heilkosmetik beruhigt in Öl-Auszügen oder im Badewasser allergische Haut; lindert im Bad spannende, trockene Haut

URSALZ

Charakter löst, klärt, verstärkt
Gut zu wissen eine heimische Variante des bekannten Himalaya-Salzes; alle Salze speichern die Urkraft des Lebens in sich
Wirkung immer dann einzusetzen, wenn die Wirkung anderer Essenzen verstärkt werden soll oder wenn sich destruktive Verhaltensmuster als besonders hartnäckig erweisen; deckt Fixierungen und seelische Zusammenhänge auf
Heilkosmetik fördert im Badewasser die Entgiftung des Körpers; gut für die Reinigung und Pflege unreiner Haut; unterstützt Ausleitungsprozesse; entstaut das Bindegewebe

Heilkosmetische Rezepte für Körper und Gesicht

Die Rezepte bieten Ihnen einen ersten Einstieg in die Welt der Heilkosmetik. Wenn Sie im Lauf der Zeit ein Gespür für die Heilpflanzen und Auszüge von Pflanzen sowie Steinen und Metallen entwickeln, werden Sie freier nach den Grundrezepten arbeiten können: Dafür sind die vorangestellten Kapitel zu den einheimischen Pflanzen, ätherischen Ölen sowie feinstofflichen Essenzen gedacht. Auf dieser Basis können Sie selbst experimentieren und Erfahrungen dazu sammeln, wie verschiedene Duft- und Inhaltsstoffe harmonieren – und welche kosmetische Wirkung Sie damit erzielen können. Roh-Kosmetika sind mit dem Symbol gekennzeichnet, für Kinder geeignete Rezepte mit dem Symbol , vegane Rezepte mit dem Symbol.

MAZERATE UND KÖRPER-ÖLE: SCHNELL UND EINFACH HERZUSTELLEN

Mazerate und Körper-Öle sind besonders gut zum Einstieg in die eigene Verarbeitung geeignet. Sie lassen sich einfach herstellen. Ihre Haltbarkeit entspricht der des verwendeten Basis-Öls. Wenn Sie Tocopherol (natürliches Vitamin E) oder ätherische Öle zugeben, können Sie die Dauer verlängern. Frisches Sonnenblumen-Öl ist etwa 1 Jahr haltbar, Oliven-Öl um die 2 Jahre, Jojoba-Öl sogar 5–6 Jahre. Die Mindesthaltbarkeitsdauer (MHD) kann nur dann gut eingeschätzt werden, wenn Sie alle Rohstoffe frisch verwenden. Die Öle eignen sich bestens zur täglichen Hautpflege nach dem Duschen oder Baden oder für die Massage. Rein pflanzliche Öle nähren und regenerieren die Haut vortrefflich. Das Basis-Rezept für ein Mazerat finden Sie auf der Seite 67.

KLETTEN-WURZEL – KRÄFTIGT KOPFHAUT UND HAARE

für gesundes Wachstum und Glanz der Haare

steriles Glas (Einmachglas) 150 ml, Handtuch, MHD 2 Jahre

- *30–45 g Kletten-Wurzel*
- *150 ml Basis-Öl; empfehlenswert ist Oliven-Öl in Rohkostqualität*

Kräftiges Haar mit gesundem Glanz: Die Klette macht's möglich.

Das Mazerat vor der Haarwäsche in die Kopfhaut massieren und 1–2 Stunden im Handtuch warm halten und einwirken lassen. Dann wie gewohnt mit Shampoo auswaschen – aufgrund des Öl-Gehaltes je nach Haartyp zweimal. Dadurch werden die Durchblutung und das Haarwachstum angeregt. Als Öl für die Haarspitzen sanft einmassieren. Die Öl-Kur verleiht einen schönen Glanz. Auch geeignet zur Massage von Gelenken und Muskeln bei Muskelkater und -schmerzen. In der Pflegecreme reinigt und stabilisiert das Mazerat unreine Gesichtshaut.

Tipp: Wurzeln im Frühling ausgraben und ohne Wasser mit der Pilzbürste säubern. Erst längs teilen, dann in kleine Stücke schneiden und mit dem Mörser anquetschen. Mit warmem Oliven-Öl (40° C) übergießen und 4 Wochen ausziehen.

HEILENDE SONNENKRAFT: DAS ROT-ÖL

lindert Verbrennungen, lockert auf und schützt

steriles Glas (Einmachglas) 150 ml, MHD 2 Jahre

Johanniskraut-Öl ist vielseitig und sehr heilkräftig.

- *10–20 g frische Blüten vom echten Johanniskraut*
- *150 ml Basis-Öl; empfehlenswert sind Oliven-, Mandel- oder Jojoba-Öl*

Rot-Öl ist unglaublich vielseitig: Es lockert als Massage- oder Bade-Öl Verspannungen, hilft im (Kartoffel-) Wickel bei Hexenschuss oder lindert als Auflage oder Einreibung (menstruelle) Krämpfe. Verbrennungen oder Sonnenbrand mit dem Zusatz von ätherischem Lavendel-Öl *(Lavandula-officinalis)* behandeln. Auch Rheuma, Gicht sowie Schmerzen in den Gelenken hilft es zu lindern, effektiv in Kombination mit Arnika-Mazerat. Bei Stress und Nervosität besänftigt und schützt Rot-Öl als Badezusatz die sensible Haut.

Tipp: Das Mazerat nach 6 Wochen durch ein sauberes Stoff-Tuch filtern, sobald es sich leuchtend rot gefärbt hat.

BEINWELL-WURZEL BEI HAUT-SCHÄDIGUNGEN

entstört und stabilisiert

steriles Glas (Einmachglas) 300 ml, MHD 2 Jahre

- *50–80 g frische Beinwell-Wurzeln*
- *300 ml Basis-Öl; empfehlenswert ist Oliven-Öl in Rohkostqualität*

Zunächst die Wurzel reinigen, in Stücke schneiden und 1 Stunde trocknen lassen. Das Pflanzengut dann im Basis-Öl mazerieren. Das Beinwell-Mazerat entstört Narben und steigert an Lavendel die Zellregeneration. In der Massage stabilisiert es an Bergamotte oder Litsea das Bindegewebe und als Wickel auch geschlossenes Wundgewebe. Es hilft bei schmerzenden Gelenken und unterstützt die Heilung entzündeter Sehnenscheiden.

Tipp: Das Mazerat aufgrund schädlicher Pyrrolizidin-Alkaloide nicht innerlich einnehmen.

WERTVOLLES MASSAGE- UND KÖRPER-ÖL AUS ROSEN-BLÜTEN

milde und regenerierende Haut-Pflege für zarte Gemüter

sterile Flasche 50 ml, MHD 1 ½ (Mandel-Öl) oder 5–6 Jahre (Jojoba-Öl)

- *40 ml Mandel- oder Jojoba-Öl; oder eine Mischung aus beiden Ölen*
- *10 ml Rosa-mosqueta-Öl oder Hagenbuttensamen-Öl*
- *5 Tr. reines ätherisches Öl aus Rosen-Blüten (*bulgarisch *oder* türkisch*)*
- *2 Tr. natürliches Vitamin E (Tocopherol), wenn Sie kein Jojoba-Öl verwenden*

Alle Zutaten mischen und im geschlossenen, sauberen Glas gut schütteln. Bereits der Duft der sinnlichen, zarten Blüten streichelt die Seele. Dieses wertvolle Körper-Öl eignet sich für die sanfte Pflege oder eine einfühlsame Massage: Es kräftigt die zarte Haut und hält sie geschmeidig. Durch seine feine Ausstrahlung und schützende Umhüllung ist es auch für eine Säuglings- und Kindermassage bestens geeignet. Dafür verwenden Sie nur 1/2-1 Tropfen Rosen-Öl, da die kleinen Näschen sensibler reagieren. Im Bad – auch für Kinder – wirkt es, mit einem kleinen Schuss Sahne als Emulgator, harmonisierend und ausgleichend. Liebhaber einer fruchtigeren, volleren Variante können noch 1-3 Tropfen ätherisches (Bio-) Orangen-Öl hinzugeben.

Rosen-Blüten wirken harmonisierend für jeden Hauttyp.

Tipp: Die kostbare Öl-Mischung am besten in einem Violettglas lagern – das erhöht die Haltbarkeit.

ZARTE BLÜTEN SCHÜTZEN ZARTE HAUT

sanft und beruhigend für sensible Haut

sterile Flasche 50 ml, MHD 1 ½–2 Jahre

- *20 ml Mazerat aus Blüten der Ringelblume*
- *20 ml Mazerat aus Blüten der Rose*
- *10 ml Jojoba-Öl*
- *1–3 Tr. ätherisches Lavendel-Öl*
- *1–3 Tr. ätherisches Cananga-Öl*
- *2 Tr. feinstoffliche Rosen-Essenz*

Für den Ansatz am besten ein duftneutrales und allergiearmes Mandel- oder Oliven-Öl verwenden. Ringelblume und Rose wirken entzündungshemmend und regenerierend. Mazerate, Jojoba-Öl, ätherische Öle und die Essenz in die Flasche geben und gut schütteln. Das Körper-Öl ist sehr geeignet für zarte und sensible (Kinder-) Haut. Mit seinem feinen Duft schützt es vor Umwelteinflüssen, beruhigt und harmonisiert.

Tipp: Sammeln Sie die Blüten gemeinsam mit den Kindern. Dieses Erlebnis fördert Achtsamkeit und Naturverbundenheit – und die Erinnerung daran, wenn Sie das Körper-Öl anwenden.

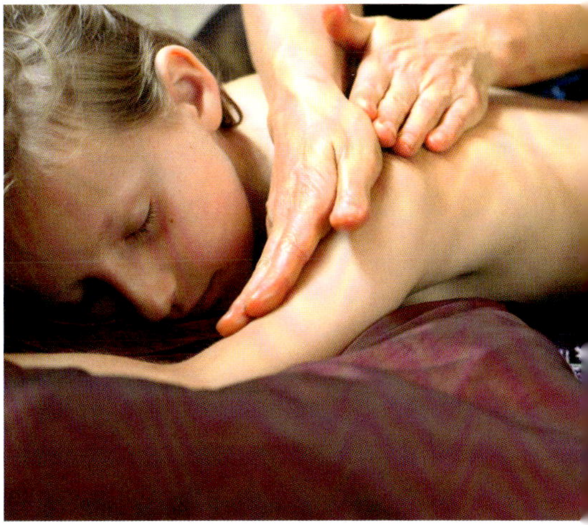

Gerade die empfindsame Haut von Kindern schätzt sanfte Öle wie auch sanfte Berührung.

AURA-SCHUTZ-ÖL

gut zur Vorbeugung von Couperose und Besenreisern

sterile Flasche 50 ml, MHD 1–2 Jahre

- *30 ml Mazerat aus Blüten des Johanniskrauts*
- *20 ml Mazerat aus Mohn-Blüten: empfehlenswert als Basis ist Mohn-Samen- oder Oliven-Öl*
- *2–4 Tr. ätherisches Lavendel-Öl*
- *2–4 Tr. ätherisches Öl aus Fichten-Nadeln*
- *1–2 Tr. ätherisches Vetiver-Öl*
- *1–2 Tr. ätherisches Steinklee-Öl*
- *2 Tr. Tocopherol*

Alle Zutaten in die Flasche füllen, verschließen und schütteln. Beide Mazerate wirken schützend, sowohl für die Haut als auch für die Seele. Das Körper-Öl zaubert – regelmäßig angewendet – eine samtweiche Haut und beugt sogar platzenden Äderchen und Besenreisern vor. Es regeneriert wunderbar einen spröden und beanspruchten wie einen trockenen und anspruchsvollen Hauttyp. Außerdem unterstützt es spürbar das Wohlgefühl und den Selbstschutz.

Tipp: Sie können das Öl auch gut einsetzen, wenn Sie sich „dünnhäutig" fühlen. Es hilft, anderen gegenüber liebevoll Grenzen zu setzen und den eigenen Raum zu wahren.

EFFEKTIVER HELFER BEI CELLULITE

stärkt nachhaltig das Gewebe

Bechergläser 30 ml und 100 ml, sterile Flasche 100 ml, MHD 1–1 ½ Jahre

- *5 ml Steinklee-Tinktur, hochprozentig (mindestens 70 %)*
- *5 ml ätherisches Zitronen-Öl, bio*
- *3 ml ätherisches Öl aus Ho-Blättern*
- *2 ml ätherisches Rosmarin-Öl*
- *3 Tr. ätherisches Zypressen-Öl*
- *5 g Lanolin oder Cetylalkohol für Veganer*
- *25 ml Mazerat aus Rosmarin-Kraut*
- *15 ml Mazerat aus naturreinem kristallinen Kampfer*
- *15 ml Mazerat aus Schlehen-Blüten*
- *10 ml Mazerat aus Rotem Weinlaub*
- *5 ml Mazerat aus Sauerampfer-Blättern*
- *5 ml Mazerat aus Steinklee-Kraut*
- *2 Tr. Tocopherol*

Zunächst die ätherischen Öle in der Steinklee-Tinktur lösen. Dann in einem Becherglas Lanolin oder Cetylalkohol im Wasserbad schmelzen, Mazerate hinzugeben, die Masse vom Herd nehmen und in die Flasche füllen. Zum Schluss die ätherische Öl-Mischung und das Tocopherol hineingeben und gut schütteln. Vor jedem Gebrauch schütteln, um den Satz zu lösen. Das Öl strafft das Bindegewebe nachhaltig und stabilisiert es. Einmal täglich eine kurze, aber kräftige Massage wirkt Wunder. Eine sehr kraftvolle und effektive Rezeptur, natürlich nicht geeignet bei sensibler Haut, Allergien, in der Schwangerschaft und für Kinder.

ZITRUS-DÜFTE UND KAFFEE – EINE ANREGENDE KOMBINATION

fördert die Durchblutung, hebt die Stimmung

sterile Flasche 100 ml, MHD 1 ½ Jahre

- *50 ml Soja-Öl, bio oder Mandelöl*
- *25 ml Mazerat aus Kaffee-Bohnen*
- *25 ml Mazerat aus Birken-Blättern*
- *8 Tr. ätherisches Limetten-Öl*
- *8 Tr. ätherisches Litsea-Öl*
- *4 Tr. ätherisches Orangen-Öl*

Das Kaffee-Mazerat aus Bio-Bohnen auf Basis von Oliven-Öl ansetzen. Die Bohnen nach einer Einweichzeit von 2 Tagen im Blender mixen. Alternativ können Sie das Mazerat aus frisch gemahlenem Kaffee-Pulver herstellen. Beide Ansätze 6 Wochen stehen lassen. Für das Birken-Mazerat verwenden Sie vorzugsweise die Frühlingsblätter. Die gefilterten Mazerate und das Basis-Öl in die Flasche geben, die ätherischen Öle hinzufügen und schütteln. Bereits der sportliche Duft hellt die Stimmung auf. Der Kaffee-Extrakt regt die Durchblutung der Zellen nachhaltig an, während die Zitrusfrüchte straffend wirken. Die Komposition dringt in die Tiefe der Haut – ist allerdings bei wunder Haut oder Neurodermitis nicht geeignet. Am besten morgens nach einer Wechseldusche und anschließender Bürstenmassage anwenden, was die Wirkung spürbar steigert.

Tipp: Bei Zitrus-Allergie statt der 3 ätherischen Zitrus-Öle besser Myrte und Zypresse verwenden.

Ätherische Zitrus-Öle und ein Mazerat aus Kaffee-Bohnen festigen das Bindegewebe.

SCHLEHEN-BLÜTEN FÜR DIE KÜHLENDE PFLEGE DER BEINE

macht müde Beine munter, schützt die Blutgefäße

Becherglas 20–30 ml, sterile Flasche 50 ml,
MHD 1 ½ Jahre

- *1 EL Oliven-Öl*
- *½–1 g Menthol: kristallin und natürlich*
- *45 ml Mazerat aus Schlehen-Blüten*
- *6 Tr. ätherisches Rosmarin-Öl*
- *4 Tr. ätherisches Lemongras-Öl*

Das Oliven-Öl im Wasserbad im Becherglas leicht erwärmen und das Menthol darin auflösen. Dann in die Flasche füllen, das Mazerat sowie die ätherischen Öle hinzugeben und schütteln. Das Körper-Öl pflegt trockene Haut der Beine und kräftigt die Kapillaren der Gefäßwände. Außerdem fördert es die Durchblutung, was die Beine entspannt. Das Menthol kühlt schwere Beine und Füße – etwa nach einer Wanderung.

HEILSAME ZUSÄTZE FÜR DIE BADE-OASE ZUHAUSE: IN RUHE GENIESSEN

Bade-Öle und -Salze sind relativ schnell und unkompliziert herzustellen. Einfach das Mazerat oder das Salz mit den ätherischen Ölen nach Wunsch und Wirkungsrichtung mischen und für ein Vollbad einen Esslöffel tropfenweise direkt ins Wasser geben. Die Haltbarkeit bereits gemischter Bade-Öle entspricht der des verwendeten Basis-Öls. Sie können sie durch Zugabe von Tocopherol um 2–3 Monate verlängern. Salz-Mischungen sind entsprechend den darin enthaltenen Extrakten und ätherischen Ölen haltbar. Das Basis-Rezept für ein Mazerat finden Sie auf der Seite 67.

BADEKRÄUTER *SOMMERSONNE*

reinigt die Haut, stärkt das Wohlbefinden

durchlässiges Stoffsäckchen oder ungebleichte Teefilter, MHD 6 Monate

Der Duft der Kräuter weckt Sommergefühle.

Beruhigende, stärkende und energetisch reinigende Mischung für Körper und Seele:

- *1 EL getrocknete Lavendel-Blüten*
- *1 EL getrocknete Blüten der Echten Kamille*
- *1 EL getrocknetes Thymian-Kraut*
- *1 EL getrocknetes Majoran-Kraut*
- *3 EL Meer- oder Steinsalz*

Sinnlich anregende und die Haut belebende Mischung:

- *1 EL getrocknete Rosen-Blüten*
- *1 EL getrocknete Ringelblumen-Blüten*
- *1 EL getrocknete Damiana-Blätter*
- *1 EL Molke-Pulver (mit 2 Tr. ätherisches Ylang Ylang-Öl mischen)*

Die getrockneten Kräuter sowie das Salz in ein Säckchen aus Seide, Baumwolle, Organza, Mull oder in einen Teefilter aus ungebleichtem Papier geben und gegebenenfalls mit einer einfachen Naht verschließen. 1 Säckchen pro Vollbad. Zunächst sehr heißes Wasser einlaufen lassen und das Säckchen hineinlegen. Dann mit Wasser bis zur gewünschten Badetemperatur auffüllen. Das Säckchen lassen Sie während des gesamten Bades in der Wanne. Sie können es nur einmal verwenden. Wenn es Ihnen lieber ist, können Sie auch erst einmal nur ein einzelnes Kraut verwenden, um es besser kennenzulernen.

Tipp: Es lohnt sich, gleich eine größere Menge zu mischen und die Säckchen selbst zu nähen – für persönliche und liebevolle Geschenke.

BADE-ÖL FÜR DIE SCHWANGERSCHAFT

unterstützt die Elastizität der Haut, stimmt auf die Geburt ein

Becherglas 50 ml, Rührlöffel, sterile Glasflasche 50 ml, MHD 1 ½ Jahre

- *45 ml Mazerat aus den Blüten von Linde, Echter oder Römischer Kamille, Rose, Lavendel, Ringelblume oder Melisse*
- *5 ml Sojalecithin als Emulgator*
- *2 Tr. ätherisches Cananga-Öl*
- *2 Tr. ätherisches Rosen-Öl oder*
- *2 Tr. ätherisches Neroli-Öl*
- *2 Tr. ätherisches Mandarine-Öl oder*
- *2 Tr. ätherisches Honig-Öl*
- *2 Tr. ätherisches Vanille-Öl*

Ringelblumen-Mazerat im Bade-Öl schützt die empfindliche Haut.

Die Mazerate filtern und nach Wunsch kombinieren. Alles in das Becherglas geben und umrühren. Das Öl dann in die Flasche füllen. Pro Vollbad verwenden Sie etwa 10 Tropfen der Mischung. Die Öle bereiten auf die Dehnung in der Schwangerschaft vor, indem sie die Haut elastisch halten. Das sanfte Rezept ist auch sehr gut geeignet für Kinder. Für Kinder ab sechs Jahren und Jugendliche können Sie auch das erfrischende und aktivierende ätherische Öl von Litsea verwenden.

Tipp: Ätherisches Eukalyptus-Öl kann mit 6–8 Tropfen auf 50 ml Mazerat gut von Schwangeren verwendet werden, um eine Erkältung zu lindern. Fichten- oder Thymian-Öl können abortiv wirken.

SINNLICHES BADE-SALZ FÜR DEN AUFBAU DER HAUT

entkrampfend, baut die Haut auf, bewahrt die Feuchtigkeit

Glasschüssel, sterile Glasflasche mit großer Öffnung, 100 ml, MHD 1 ½-2 Jahre

- *100 g Meersalz oder Himalaya-Kristallsalz*
- *5 Tr. ätherisches Ylang-Ylang-Öl*
- *5 Tr. ätherisches Öl von Patchouli oder Muskateller-Salbei (nicht bei Schwangerschaft oder Epilepsie!)*
- *4 Tr. ätherisches Öl von Ho-Blättern*
- *4 Tr. ätherisches Öl der Chinesischen Geranie oder Rosengeranie*
- *1 Tr. ätherisches Kardamom-Öl*
- *5 Tr. feinstoffliche Essenz aus Rosen-Blüten*

Alle Zutaten in der Glasschüssel mischen und dann in die Flasche abfüllen. Auf ein Vollbad geben Sie etwa 2–3 EL. Das Bade-Salz wirkt entspannend und entkrampfend sowie emotional einstimmend und erotisierend – nicht nur für frisch Verliebte. Es duftet herrlich würzig und wird deshalb auch von Männern geschätzt.

Tipp: Das Bade-Salz erst hinzugeben, wenn das Wasser bereits eingelaufen ist, da sonst die ätherischen Öle verdampfen.

BASISCHES BADE-SALZ FÜR MUSKELN UND GELENKE

regt die Durchblutung an, lindert Gelenk- und Muskelschmerzen

Glasschüssel, Mörser, sterile Glasflasche mit großer Öffnung 100 ml, MHD 1 ½-2 Jahre

- *25 g Meersalz oder Steinsalz*
- *50 g Natron (Natriumhydrogencarbonat)*
- *10 ml Mazerat aus Wacholder-Beeren auf Oliven-Öl*
- *3 ml Rosmarin-Auszug in Apfel-Essig*
- *3 ml ätherisches Rosmarin-Öl*
- *5 Tr. ätherisches Eukalyptus-Öl oder*
- *5 Tr. ätherisches Limetten-Öl*
- *5 Tr. ätherisches Öl aus Wacholder-Beeren*
- *5 Tr. feinstoffliche Essenz aus Kletten-Labkraut*

Zuerst das Salz in der Glasschüssel mit dem Mörser pulverisieren. Dann die weiteren Zutaten zugeben und alles gut vermengen. Das anregende Bade-Salz ist durch seine die Muskulatur aktivierende Wirkungsrichtung gerade für Sportler oder nach größerer körperlicher Anstrengung sehr gut geeignet. Es fördert die Durchblutung, lindert rheumatische Beschwerden sowie Muskelschmerzen und entspannt die Muskulatur bei Muskelkater. Nicht in der Schwangerschaft, bei sehr empfindlicher Haut und für Kinder unter 14 Jahren geeignet.

Tipp: Auch für ein Fußbad sehr hilfreich – gerade bei kalten Füßen im Winter. Aufgrund der stimmungsaufhellenden und nachhaltig anregenden Wirkung besser nicht vor dem Schlafengehen anwenden.

Hübsch verpackte Bade-Salze sind individuelle Geschenke.

STÄRKENDE UND REINIGENDE MISCHUNG FÜR DIE WINTERZEIT

fördert die Abwehrkraft, wirkt ausleitend

Mörser, Einmachglas, Sieb, Menge für 1 Vollbad

- *2 Handvoll frische oder getrocknete Wacholder-Beeren*
- *1 kleine Ingwer-Knolle: Größe einer kleinen Walnuss*
- *5 Tr. feinstoffliche Essenz aus Tausendgüldenkraut*

Die Wacholder-Beeren zusammen mit der geschnittenen Ingwer-Knolle im Mörser anquetschen. In ein Einmachglas geben, mit kochendem Wasser übergießen und luftdicht abgedeckt 1 Stunde ziehen lassen. Sodann durch ein Sieb in das bereits eingelaufene Badewasser geben. Die Mischung fördert die Durchblutung und regt den Kreislauf an. Außerdem mobilisiert es die körpereigenen Abwehrkräfte, hält die Atemwege frei und regt die ausleitende Funktion der Haut an, was das Hautbild verbessert. In der Schwangerschaft und für Kinder nicht geeignet.

Tipp: Sie können dem Auszug auch Teekräuter wie Thymian- oder Eukalyptus-Blätter zugeben, um Erkältungen zu lindern und die Atemwege zu stärken. Diese Variante ist auch für ein Fußbad sinnvoll.

BADE-ÖL: GRUNDREZEPT FÜR JEDEN HAUTTYP

entspannt den Geist und schützt die Haut

Becherglas 100 ml, Rührlöffel, sterile Glasflasche 100 ml, MHD 1 ½ Jahre

- *95 ml Mazerat aus den Blüten von Linde, Römischer Kamille, Rose, Lavendel, Ringelblume, Johanniskraut oder Hopfen*
- *10 Tr. ätherisches Lavendel-Öl*
- *10 Tr. ätherisches Geranien-Öl*
- *10 Tr. ätherisches Palmarosa-Öl*
- *10 Tr. ätherisches Ylang-Ylang-Öl*
- *10 Tr. ätherisches Cananga-Öl*
- *geeignet sind auch die ätherischen Öle von Myrte, Zedernholz, Fichten-Nadel, Douglasie, Vetiver, Neroli, Melisse, Myrrhe oder Rose*
- *5 ml Lecithin als Emulgator*

Wenn Sie im Urlaub in südlichen Ländern Lavendel ernten können, lohnt es sich: Er ist kraftvoller als der heimische.

Alles in das Becherglas geben und umrühren. Das Öl in die Flasche füllen. Pro Vollbad verwenden Sie 5-10 Tropfen der Mischung. Mit den Ölen und Mazeraten können Sie bedenkenlos experimentieren. Alle Mazerate wirken nährend und schützend, sind für jede Haut geeignet.

BADEMISCHUNG *TIEFENENTSPANNUNG*

unterstützt die Regeneration, führt zu sich selbst

Menge für 1 Vollbad, sofortiger Gebrauch

- *150 g Salz Ihrer Wahl: Steinsalz, Himalaya-Kristallsalz, Meersalz*
- *50 g Meersalz aus dem Toten Meer*
- *2 Tr. Narde*
- *2 Tr. Nagar Motha*
- *2 Tr. Palmarosa oder*
- *2 Tr. Cananga*
- *2 Tr. Bergamotte oder*
- *2 Tr. Myrte*

Ein Vollbad mit dieser Mischung regeneriert bis in die Zellen. Es unterstützt Sie, in die eigenen Tiefen hinabzutauchen und zu entspannen.

SALBEN, BALSAME UND CREMES: DIE PFLEGEBASIS FÜR JEDEN TAG

Naturreine Salben und Balsame können Sie gut selbst zubereiten. Für eine Creme brauchen Sie etwas mehr Geduld und eine gewisse Erfahrung. Im Lauf der Zeit werden Sie aber ein Fingerspitzengefühl dafür entwickeln. **Salben** setzen Sie am besten ein, wenn Sie eine kontinuierliche Abgabe der enthaltenden Wirkstoffe beabsichtigen. **Balsame** sind beispielsweise wunderbar geeignet, um spröde Hände oder Füße zu pflegen. Durch den höheren Öl-Anteil als bei einer Creme können Sie sie auch gut für eine Massage verwenden. Eine **Creme** wiederum zieht durch den hohen wässrigen Anteil schneller in die Haut, was gerade für die Gesichtspflege von Bedeutung ist. Die enthaltenen Wirk- und Heilstoffe gelangen dadurch recht gut in die Haut, dürfen aber hauchdünn aufgetragen werden. Die Basis-Rezepte finden Sie auf den Seiten 53 (Salben und Balsame) und 56 (Cremes).

RINGELBLUMEN-SALBE FÜR DIE UNIVERSALPFLEGE

zaubert weiche Haut, heilt mit sanfter Kraft

Becherglas 50 ml, Rührlöffel, sterile Tiegel, MHD 2 Jahre

- *30 ml Mazerat aus den Blüten der Ringelblume in Oliven-Öl*
- *1 TL gelbes Bio-Bienenwachs oder 1 TL Xyliance (für Veganer)*
- *1 TL pestizidfreies Lanolin oder 1 TL Cetylalkohol (für Veganer)*
- *5 Tr. ätherisches Palmarosa-Öl, wenn der Duft gefällt; sonst weglassen*
- *6 Tr. Tinktur aus Ringelblumen*

Mazerat, Bienenwachs und Lanolin ins Becherglas geben und im Wasserbad erwärmen, bis sich alles aufgelöst hat. Abschließend das ätherische Öl und die Tinktur in die etwas abgekühlte Masse geben. Diese feine Salbe leistet eine richtige Universalpflege. Sie wirkt entzündungshemmend und unterstützt die Elastizität der Haut. Sie können sie auch auf geschlossene Wunden auftragen: bei wundem Babypopo, schrundigen Ellbogen, zur Hand- und Fußmassage und für die Lippenpflege.

Tipp: Bei sehr trockenen, rissigen Händen oder Fingerkuppen und Füßen nehmen Sie ein Mazerat aus gleichen Anteilen von Ringelblume und Gundermann. Das ätherische Palmarosa-Öl tauschen Sie am besten mit Lavendel-Öl.

WACHOLDER-BALSAM FÜR BEANSPRUCHTE HÄNDE UND FÜSSE

stärkt das Gewebe, lindert Schmerzen und Schwellungen

Mörser, 2 Bechergläser 100–120 ml, Rührlöffel, Stofftuch, sterile Tiegel, MHD 2 Jahre

Wacholder-Beeren sind kleine Kraftwerke mit großer Wirkung.

- *2 EL getrocknete Wacholder-Beeren*
- *100 ml Oliven-Öl*
- *18 g gelbes Bio-Bienenwachs oder 14 g Xyliance und 4 g Cetylalkohol (für Veganer)*
- *16 g Shea-Butter*
- *4 Tr. ätherisches Öl aus Wacholder-Beeren*

Die Wacholder-Beeren im Mörser vorsichtig anquetschen. Das Oliven-Öl in einem Becherglas im Wasserbad erwärmen und die Wacholder-Beeren etwa 1 Stunde darin bei 42° C mazerieren. Dann das Mazerat durch ein sauberes Stofftuch in ein zweites Becherglas filtern. Im Wasserbad zusammen mit dem Wachs und der Shea-Butter erwärmen. Nach einer kurzen Abkühlphase das ätherische Öl hinzugeben. In die bereitgestellten Tiegel füllen. Der kraftvolle Balsam stärkt das Körpergewebe. Er lindert und pflegt beanspruchte, schmerzende Gelenke sowie Hände und überstrapazierte Füße und wirkt nach einem anstrengenden Tag abschwellend. Nicht geeignet in der Schwangerschaft, der Stillzeit und für Kinder unter zehn Jahren.

Tipp: Wenn Sie statt des Wacholder-Mazerates ein Mazerat aus Johanniskraut verwenden, erhalten Sie einen Balsam, den Sie bei Rückenschmerzen einsetzen können. Er ist auch zur Pflege spröder Hände und nach dem Sonnenbad geeignet.

PATCHOULI-BALSAM – PFLEGE- UND PARFÜMCREME IN EINEM

schützend, nährend, duftend

Becherglas 50 ml, Rührlöffel, sterile Tiegel, MHD 2 Jahre

- *30 ml Soja, Jojoba- oder Mandel-Öl*
- *5 g gelbes Bio-Bienenwachs oder 5 g Xyliance (für Veganer)*
- *6 g pestizidfreies Lanolin oder 4 g Cetylalkohol (für Veganer)*
- *3 Tr. Tocopherol*
- *10-30 Tr. ätherisches Patchouli-Öl, je nach gewünschter Duftintensität (bei 30 Tr. als Parfumcreme)*

Wer den erdigen Duft mag, kann Patchouli-Balsam auch gut für die Lippenpflege einsetzen.

Das Basis-Öl, Bienenwachs und Lanolin in das Becherglas geben und bei geringer Hitze im Wasserbad erwärmen. Dabei gut umrühren. Sobald die Masse etwas abgekühlt ist, das Tocopherol und das ätherische Öl dazugeben. Dieser sehr variabel einsetzbare Balsam eignet sich hervorragend zur Massage und zur Pflege der Hände und Füße sowie des ganzen Körpers. Wunderbar pflegend wirkt er für trockene Haut oder schrundige Hautpartien (Knie, Ellbogen). Bei spröden Haaren können Sie ihn sparsam in die Haarspitzen einmassieren.

AYURVEDISCHER BALSAM FÜR ERDUNG UND STABILITÄT

entspannt, regeneriert, erdet

Becherglas 50 ml, Rührlöffel, sterile Tiegel, MHD 1 ½ Jahre

- *30 ml Sesam-Öl kaltgepresst*
- *1 EL gelbes Bio-Bienenwachs oder 1 EL Xyliance (für Veganer)*
- *3-5 Tr. ätherisches Narden-Öl (Jatamansi-Narde) oder Nagarmotha*

Das Sesam-Öl und Bienenwachs ins Becherglas geben und im Wasserbad erwärmen. In die leicht abgekühlte Masse das ätherische Öl einrühren. Der Duft fördert Entspannung und die Regeneration des emotionalen Haushaltes. Beide Varianten wirken erdend und zentrierend und hat einen einzigartig beruhigenden Effekt. Reiben Sie vor dem Schlafengehen Hände, Füße und Bauch ein. Rissige Fingerkuppen regenerieren mit diesem Balsam wie nebenbei. Der Duft wirkt einhüllend, vertrauensvoll und behütend, wenn man das Aroma mag. Alternativ Lavendel verwenden.

Das Rühren von Creme ist eine schöne und zugleich meditative Arbeit.

HEILSAME CREME BEI NERVÖSER HAUT

straffend, entzündungshemmend bei Akne, beruhigt nervöse Hautreaktionen

Becherglas 100 ml, Glasstab, Mixer, sterile Tiegel, MHD 3–4 Monate

- *45 ml Frauenmantel-Mazerat in Oliven-Öl*
- *12 g gelbes Bio-Bienenwachs oder Mangobutter (vegan)*
- *8 g Cetylalkohol*
- *30 ml Hydrolat aus Cistrosen*
- *10 ml Frauenmantel-Tinktur*
- *1 3 Tr. ätherisches Lavendel-Öl*
- *1–2 Tr. Vetiver- (für normale bis irritierte Haut) oder Cajeput-Öl (bei unreiner Haut)*

Das Frauenmantel-Mazerat aus frischen Blättern auf gutem (biologischen) Oliven-Öl herstellen und mit dem Wachs, mit dem Cetylalkohol und dem Mazerat im Wasserbad erwärmen. Das Hydrolat und die Tinktur unter ständigem Rühren hinzufügen. Dazu können Sie einen Mixer mit Rühraufsatz verwenden, den Sie im Vorfeld mit Weingeist gereinigt haben. In die noch flüssige Creme die ätherischen Öle einrühren. Durch die entzündungshemmenden Eigenschaften eignet sich die Creme für die normale Haut, besonders aber für fettige, unreine und großporige Haut. Auch bei geschlossenen Ekzemen, zur Nachbehandlung von Wunden nach einer Operation sowie zur Regeration von Akne-Narben können Sie sie regelmäßig hauchdünn auftragen. Frauenmantel stärkt und strafft gleichzeitig die Haut, so dass Sie die Creme – als sanfte Einreibung auf Bauch und Brust – auch sehr gut vor oder nach der Geburt und bei Schwangerschaftsstreifen zur Stabilisierung des Gewebes einsetzen können.

Tipp: Bei auffallend großporiger Haut können Sie statt des Cistrosen-Hydrolats besser das adstringierende Hamamelis-Hydrolat verwenden.

EDLE CREME AUS ROSEN-BLÜTEN: ZAUBERT EINE STRAHLENDE HAUT

unterstützt die Selbstheilungskräfte, pflegt bei Hautproblemen aller Art

Becherglas 100 ml, Glasstab, Mixer, sterile Tiegel, MHD 3–4 Monate

- *40 ml Mazerat aus Rosen-Blüten: Wildrosen oder Duftrosen aus eigenem spritzmittelfreien Garten oder Balkon*
- *6 g gelbes Bio-Bienenwachs oder 6 g Cetylalkohol (für Veganer)*
- *10 g pestizidfreies Lanolin oder 10 g Xyliance (für Veganer)*
- *40 ml Hydrolat aus Rosen-Blüten*
- *10 ml Wildrosen-Tinktur; alternativ bei sehr empfindlicher Haut 50 ml Hydrolat aus Rosen-Blüten*
- *1 Tr. reines ätherisches Rosen-Öl* türkisch *oder* marrokanisch
- *1 Tr. naturreiner Extrakt aus Grapefruit-Kernen oder Propolistinktur*
- *4 ml feinstoffliche Essenz aus Rosen-Blüten*
- *2 Tr. Tocopherol*

Das Rosen-Mazerat aus frischen Blütenblättern und gutem (biologischen) Oliven-, Jojoba- oder Mandel-Öl herstellen: bei trockener, entzündlicher Haut besser Oliven-Öl, bei trockener und anspruchsvoller Haut Jojoba- und bei normaler bis empfindlicher Haut Mandel-Öl. Wachs und Lanolin mit dem Mazerat in das Becherglas füllen und im Wasserbad schmelzen. Das Rosen-Hydrolat und die Wildrosen-Tinktur unter ständigem Rühren hinzufügen. Dazu können Sie einen Mixer mit Rühraufsatz verwenden, den Sie im Vorfeld mit Weingeist gereinigt haben. Die restlichen Zutaten in die noch flüssige Creme geben und weiterrühren. Die Creme schließlich in sterile Tiegel aus braunem Glas füllen, sobald sie die Konsistenz von Pudding hat, und kühl lagern. Diese sehr edle Gesichtscreme für normale wie empfindliche Haut unterstützt den natürlichen Selbstheilungsprozess der Haut – gerade bei Neurodermitis und anderen allergischen Reaktionen. Außerdem hat sie einen Lichtschutzfaktor von ca. 4-5.

Eine Creme aus Rosen-Blüten duftet herrlich und ist sehr mild.

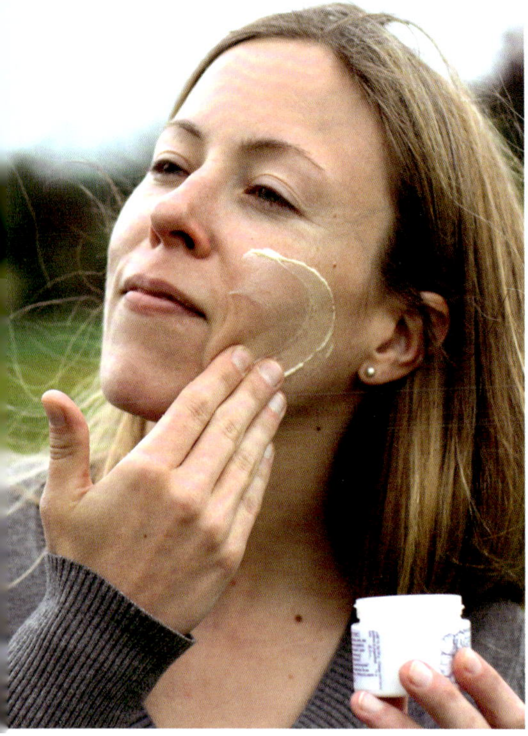

LEICHT TÖNENDE CREME FÜR JEDEN HAUTTYP

klärt, tonisiert, regeneriert

Becherglas 100 ml, Glasstab, Mixer, sterile Tiegel, MHD 4–5 Monate

- *10 ml Mazerat aus Birken-Blättern*
- *10 ml Mazerat aus Gänseblümchen*
- *50 ml Jojoba-Öl oder*
- *50 ml Mandel-Öl*
- *0,1–0,5 ml Öl aus Sanddorn-Fruchtfleisch, je nach gewünschter Farbintensität*
- *3–4 g gelbes Bio-Bienenwachs oder 3–4 g Cetylalkohol oder Mangobutter (für Veganer)*
- *1,5 g Shea-Butter, ggf. in Rohkostqualität*
- *3–4 g Kakao-Butter*
- *3–4 g Cetylalkohol (im Winter weniger, im Sommer mehr)*
- *1 g Xyliance*
- *25 ml Hydrolat aus Orangen-Blüten*
- *3 Tr. feinstoffliche Essenz aus Veilchen-Blüten*
- *1–3 Tr. ätherisches Cananga-Öl*
- *3 Tr. Tocopherol*

Gerade bei hellen Hauttypen ist eine zarte, natürliche Tönung willkommen.

Sie erwärmen alle Rohstoffe (bis inkl. Xyliance) der Listung im Wasserbad. Sobald alle festen Bestandteile geschmolzen sind, die Hydrolate und das Tocopherol dann unter ständigem Rühren hinzufügen. Ein Mixer mit nur einem Rühraufsatz, den Sie mit Weingeist gereinigt haben, ist hierfür gut geeignet. In die noch flüssige Creme die feinstoffliche Veilchen-Essenz, das ätherische Cananga-Öl sowie das Tocopherol einrühren. Diese etwas aufwendigere Creme wirkt aufbauend und nährend, dabei schützend und regenerativ. Sie ist für jeden Hauttyp geeignet. Birke und Gänseblümchen reinigen, während das Sanddorn-Öl eine leicht tönende Funktion mitbringt. Die feinstoffliche Veilchen-Essenz schützt die zarte Haut. Durch das tönende Sanddorn-Öl entsteht ein ebenmäßiger Teint.

Tipp: Mithilfe von Erdpigmenten können Sie die Farbe des Sanddorn-Öles verstärken oder sogar eine Art pflegendes Make-up herstellen.

GUNDERMANN-HANDCREME – NACHHALTIGE PFLEGE FÜR JEDEN TAG

entzündungshemmend, schützend, pflegt die Hände nachhaltig

2 Bechergläser 50-100 ml, Rührgerät oder Spatel, MHD 3 Monate

- *25 ml Gundermann-Mazerat*
- *½ TL gelbes Bio-Bienenwachs oder ½ TL Xyliance (für Veganer)*
- *1 Msp. Shea-Butter, ggf. in Rohkostqualität*
- *25 ml Lavendel-Hydrolat*
- *2 Tr. ätherisches Palmarosa oder Lavendel-Öl*
- *2 Tr. natürliches Vitamin E (Tocopherol)*
- *2 Tr. Grapefruit-Kernextrakt oder Propolis-Tinktur*

Mazerat, Bienenwachs sowie Shea-Butter in ein steriles Becherglas füllen und im Wasserbad erwärmen. Dann das Lavendel-Hydrolat mit dem ätherischen Öl in einem zweiten, sterilen Becherglas mischen und behutsam in die Fettphase geben – bis zum Erkalten immer wieder gut rühren. Zum Abschluss das Vitamin E sowie den Extrakt oder die Tinktur unterrühren. Diese zarte, universell einsetzbare Creme eignet sich zur Pflege trockener und rissiger Hände. Bei normalem Hauttyp ist sie gut geeignet für die regenerative Gesichtspflege.

Unsere fleißigen Hände freuen sich über gute Pflege nach jedem Kontakt mit Wasser.

Tipp: Bei sehr trockener Haut das Gundermann-Mazerat am besten auf Avocado-Öl bereiten. Diese Creme ist von hervorragender Verträglichkeit, selbst für Allergiker. Gegebenenfalls den Grapefruit-Kernextrakt sowie das Propolis weglassen – die Creme ist dann etwa 2 Monate haltbar.

AUGENCREME AUS ROSE UND MALACHIT: SCHÜTZT DIE ZARTE AUGENPARTIE

nährend und aufbauend, belebt müde Augen

2 Bechergläser 50-100 ml, Rührgerät oder Spatel, MHD 3 Monate

- *15 ml Nachtkerzen-Öl*
- *10 ml Wildrosen-Öl (aus den Samen)*
- *2 ml Mazerat aus Rosen-Blüten*
- *10 g Shea-Butter*
- *8 g Cethylalkohol*
- *2 g Kakao-Butter*
- *2-4 ml Tinktur aus Rosen-Blüten oder*
- *2 ml Tinktur aus Rosskastanien-Blüten*
- *10 Tr. feinstoffliche Essenz aus Malachit*
- *6 Tr. feinstoffliche Essenz aus Frauenmantel*
- *30 ml Hydrolat aus Orangen-Blüten*
- *5 Tr. natürliches Vitamin E (Tocopherol)*
- *1 Tr. reines ätherisches Öl aus Rosen-Blüten echt, alternativ aus Rosengeranie*

Die zarte Augenpartie benötigt eine reichhaltige Pflege.

Die ersten 6 Zutaten (Nachtkerzen-Öl bis Kakao-Butter) in einem sterilen Becherglas erwärmen, bis die festen Stoffe vollständig geschmolzen sind. Dann separat die Tinkturen sowie die feinstofflichen Essenzen in das Hydrolat geben, das Vitamin E und das ätherische Öl ebenfalls. Die wässrige Mischung rühren Sie beständig unter die ölige Lösung, bis sie fest geworden ist. Diese reichhaltige Creme eignet sich bestens zur Pflege der anspruchsvollen Augenpartie, vor allem bei empfindlicher, trockener Haut. Bei überstrapazierten Augen durch Bildschirm-Arbeit wirkt sie regenerativ.

Tipp: Diese etwas aufwendigere Creme ist ein Geschenk an die reifere Haut. Sie können sie bei anspruchsvoller und gereizter Haut hin und wieder als Maske verwenden, auch auf Brust, Hals und Dekolletee.

MASKEN, AUFLAGEN UND WICKEL

Das Material stellen Sie am besten immer frisch für den einmaligen und unmittelbaren Gebrauch her, nicht auf Vorrat. Wenn Sie dennoch mehr Material herstellen, als Sie sofort verwenden, dann können Sie von einer Lagerfähigkeit im Kühlschrank von etwa 1 Woche ausgehen. Masken, Auflagen und Wickel sind immer dann sinnvoll, wenn ein bestimmter Wirkstoff kontinuierlich und partiell abgegeben werden soll. Eine **Maske** dient der Gesichtspflege, ist aber auch für Rücken und Dekolleté geeignet. Sie können sie wunderbar während des Badens auftragen. Eine **Auflage** verwenden wir, wenn es um eine längerfristige Einwirkung von Rohstoffen geht, etwa zur Wundbehandlung oder bei Cellulite. Sie lassen sie offen oder nur leicht bedeckt an der frischen Luft einwirken. Auf Basis von Heil-Erde, weißem Ton oder Non-Nano- Zinkpaste kann die Masse dabei antrocknen. An Körperteilen, die bedeckt werden sollten, sind Mulltücher oder einer Mullbinde sinnvoll. Bei einem **Wickel** wiederum bleibt die Auflage feucht. Durch das Verfahren wird die Körperwärme gespeichert, was für die heilsame Einwirkung eine Rolle spielt. Deshalb werden Wickel häufig bereits mit einer angenehm warmen Basis hergestellt.

EDLE CREME-MASKE FÜR RAUE HAUT

nährend, besonders geeignet für Allergiker

Becherglas 30 ml, Rührlöffel, sauberes Tuch, sterile Tiegel, MHD 3–4 Monate

- *5 ml Mazerat aus Wildrosen-Blüten*
- *5 ml Wildrosen-Öl (aus den Samen)*
- *2 Msp. Kakao-Butter*
- *1 Msp. Shea-Butter*
- *1 Msp. Cetylalkohol*
- *1 EL Hydrolat aus Rosen-Blüten*
- *1 Tr. ätherisches Öl aus Rosen-Blüten:* türkisch *(bei starken Allergien weglassen)*

Das Mazerat, das Wildrosen-Öl und die beiden Butter-Arten sowie den Cetylalkohol wie bei der Cremeherstellung in das Becherglas geben und im Wasserbad erwärmen. Dann von der Feuerstelle nehmen, Hydrolat und ätherisches Öl dazugeben und solange rühren, bis die Masse erkaltet ist. Die nährende Maske auf das gereinigte Gesicht auftragen und 30 Minuten einwirken lassen. Nicht abwaschen, sondern die Überschüsse mit einem sauberen Tuch abnehmen oder auch auf dem restlichen Körper verteilen. Die Rosen-Extrakte regen die natürliche Hautfunktion an. Da die Maske besonders mild ist, ist sie für Allergiker sehr gut geeignet.

ZUVERLÄSSIGE MASKE BEI AKNE UND UNREINER HAUT

reinigend, adstringierend, entzündungshemmend

kleine Glasschale, Becherglas 20–30 ml, Rührlöffel, sofortiger Gebrauch

- *1 EL (grüne) Heil-Erde*
- *1 EL Pulver der Blutwurz; auch als* Tormentiller Wurzelstock *bezeichnet*
- *10–20 ml Hamamelis-Hydrolat*

Heil-Erde ist vielseitig: leicht zu verarbeiten und für Maske wie Wickel geeignet.

Heil-Erde und Blutwurz in der Glasschale mischen und mit dem im Becherglas auf etwa 40° C angewärmten Hamamelis-Hydrolat zu einer streichfähigen Paste anrühren. Die Menge richtet sich danach, ob nur das Gesicht oder auch Rücken oder Dekolleté behandelt werden. Die Mischung tragen Sie zur Behandlung von Akne und Akne-Narben üppig auf die gereinigten Hautpartien auf. Bis zum Austrocknen (ca.15 Min) einwirken lassen, dann mit warmem Wasser abspülen. Bei geröteter und entzündeter Haut zusätzlich 1-2 Tropfen ätherisches Schafgarben-Öl *blau* hinzugeben. Wenn Sie anstelle des Blutwurzel-Pulvers 1 EL Samen-Öl der Wildrose zufügen, erhalten Sie eine edle Creme-Maske für die reifere Haut und bei trockener Haut. Sie besitzt einen leichten Peeling-Effekt und entfernt abgestorbene Hautschuppen.

Tipp: Blutwurz-Pulver verliert seine Wirksamkeit, sobald es älter als 1 Jahr ist. Daher ist es wichtig, auf frische Qualität zu achten: Beim Kauf am besten nach dem Erntezeitpunkt fragen.

GESICHTSMASKE AUS FRISCHPFLANZEN – BESÄNFTIGT PROBLEMATISCHE HAUT

bei Unreinheiten, Ausschlägen, hormonell bedingten Haut-Erkrankungen

Mörser oder Stabmixer, Glasschale, Handrührgerät, feuchte Tücher, MHD 1 Woche

- *1 Handvoll frische Gänseblümchen-Blüten, Buchen-Blätter, Ehrenpreis-Kraut, Blüten der Echten Kamille zu gleichen Teilen*
- *1 TL Mazerat aus den Blüten der Kamille oder pures Basisöl nach Wahl*
- *10 Tr. Hydrolat aus Rosen-Blüten oder frische Rosenblüten im Mörser oder Blender (Standmixer) mit Wasser zu einem Brei gemahlen*
- *2 EL feine grüne Heil-Erde*
- *3 Tr. Sanddorn-Öl*
- *1 Tr. ätherisches Lavendel-Öl*
- *6 Tr. feinstoffliche Essenz aus Eberesche oder*
- *6 Tr. feinstoffliche Essenz aus Johanniskraut*

Die Kräuter klein schneiden und im Mörser oder mit einem Stabmixer zu einem sämigen Pflanzenbrei verarbeiten. In die Glasschale geben, dann die restlichen Zutaten hinzufügen und alles gut verrühren. Auf die mit warmem Wasser gereinigte Gesichtshaut oder andere pflegebedürftige Partien – etwa Rücken oder Dekolleté – auftragen. Einwirken lassen, bis die Heil-Erde angetrocknet ist. Dann vorsichtig mit feuchten Tüchern abnehmen. Danach vorerst keine Creme auftragen, da die Ölbasis die Wirkstoffe der Frischpflanzen gebunden auf der Haut bewahrt. Bei sehr trockener Haut nach etwa 1 Stunde eincremen. Die Gesichtspackung eignet sich für jeden problematischen Hauttyp, besonders bei Unreinheiten, Akne, Couperose und Teleangiektasien (geplatzten Äderchen), bei nervösen Ausschlägen, bei zu trockener oder zu fettiger Haut. Auch bei durch die Wechseljahre oder anderweitig hormonell bedingten Erkrankungen können Sie sie gut einsetzen.

Tipp: Optimal ist die kurmäßige Anwendung im Sommer 1–mal in der Woche. Sie sollten die Maske ca. über 3 Monate einsetzen, damit die Haut wieder in die natürliche Balance findet.

Ein unreines Hautbild lässt sich durch regelmäßige Masken auf Heil-Erde beruhigen.

EFFEKTIVE WUNDPFLEGE AUS HEIL-ERDE

wundheilend, entzündungshemmend

kleine Glasschüssel, Glasspatel, kleines Becherglas, Tuch, MHD 1 Woche

- *1–2 EL feines grünes (oder braunes) Pulver aus Heil-Erde oder anderes Heil-Erde-Pulver*
- *20 Tr. Spitzwegerich-Tinktur*
- *10 Tr. Frauenmantel-Tinktur oder*
- *10 Tr. Hirtentäschel-Tinktur*
- *10 -20 Tr. Hamamelis-Wasser*

Die Tinkturen leicht erwärmen. Danach alle Zutaten in der Schüssel so lange verrühren, bis eine glatte, streichfähige Paste entsteht. Dann als Auflage, Gesichtsmaske oder Wickel auf geschlossene Wunden auftragen. So lange einwirken lassen, bis die Paste getrocknet ist. Einzelne Pickel heilen leichter, wenn die Paste partiell über Nacht einwirken kann. Die Mischung hilft bei kleineren Furunkeln, Ekzemen, entzündeten Insektenstichen oder Akne. Mit einem feuchtwarmen Tuch abnehmen.

Tipp: Zusätzlich 1 Tropfen ätherisches Lavendel-Öl beruhigt die Haut und wirkt entzündungshemmend. Danach Hamamelis-Hydrolat aufsprühen.

AUFLAGE FÜR DIE SCHNELLE HILFE BEI GEREIZTEN AUGEN

lindert Entzündungen, Rötungen, Übermüdung

kleine Glasschale, sofortiger Gebrauch

- *1 oder 2 Teebeutel von nicht aromatisiertem Schwarztee aus kontrolliert biologischem Anbau, oder losen Tee in Zelltuchbeutel*

Die Teebeutel in der Glasschale mit heißem Wasser überbrühen und ausdrücken. Dann lauwarm oder kalt – wie es für Sie angenehmer ist – mindestens 5 Minuten auf die Augen auflegen. Wenn Ihre Augen entzündet, gerötet, geschwollen oder überarbeitet sind, können Sie ihnen auf diese Weise schnell und effektiv helfen. Auch bei entzündeten Lidrändern oder Gerstenkörnern bewirken die Teeblätter durch ihre Gerbsäure eine rasche Besserung. Stellt sich diese aber nach spätestens 2–3 Tagen noch immer nicht ein, sollten Sie einen Arzt aufsuchen.

STRAFFENDER KÖRPER-WICKEL AUS FRISCHEN KRÄUTERN – MIT PEELING-EFFEKT

durchblutungsfördernd und glättend

Einmachglas 1 l, Tasse, Frischhalte-Folie, Handrührgerät, MHD 1 Woche

- *1 Handvoll frischer Brennnessel-Blätter, Hirtentäschel-Kraut und Salbei-Blätter zu gleichen Teilen*
- *2–4 EL Algen-Mehl: Nori, Chlorella, Afa-Alge oder Spirulina*
- *2–4 EL Olivenstein-Granulat oder naturbelassene Mandel-Kleie*
- *½–1 EL Mazerat aus Birken-Blättern*
- *1/2 Tr. ätherisches Zitronen-Öl*
- *je 1 Tr. ätherisches Öl von Pampelmuse und Zypresse*

Die Kräuter im Einmachglas mit kochendem Wasser aufgießen und geschlossen 1 Stunde ziehen lassen. Von diesem Infus eine kleine Tasse abfüllen und mit Algen-Mehl, Granulat und Mazerat zu einem geschmeidigen Brei anrühren. Am Schluss die ätherischen Öle hinzugeben. Den warmen, nicht mehr heißen Brei am besten gleich nach dem Duschen auf Hüften, Po, Oberschenkel und Oberarme auftragen. Sie können die Wirkung verstärken, indem Sie die jeweiligen Stellen mit einer Frischhalte-Folie einwickeln und so gut warm halten. Nach 30 Minuten abduschen und dabei für einen Peeling-Effekt die Paste sanft einmassieren. Dieser Vorgang glättet die Haut und fördert gleichzeitig ihre Durchblutung. Daher ist das Rezept bei Cellulite und schwachem Bindegewebe wie auch bei Diäten und Entschlackungskuren sehr wirksam. Während der Behandlung rötet sich die Haut: Der Effekt ist beabsichtigt und verschwindet wieder nach kurzer Zeit. Ölen Sie abschließend die betroffenen Körperstellen am besten mit einem Birken-Mazerat oder dem Cellulite-Öl von Seite 156 ein. Sie können den Rest des Infus für eine innere Wirkung trinken.

Wickel wirken bei richtiger Anwendung schnell und effektiv.

Tipp: Bei sensibler Haut oder Zitrus-Allergie die ätherischen Öle besser weglassen. Bei wunder, sehr sensitiver Haut nicht geeignet.

GESICHTSPFLEGE: HEILSAMES FÜR HAUT, LIPPEN UND MUNDRAUM

Ein Gesichtswasser spendet der Haut Feuchtigkeit und versorgt sie mit der Kraft wasserlöslicher Inhaltsstoffe von Pflanzen. Als Rasierwasser verwendet schließt ein solches Tonikum die Poren und lindert Entzündungen durch Schnitte. Die Kraft der Kräuter können Sie sich darüber hinaus auch für eine sanfte Pflege der Lippen und des Mundraumes zunutze machen.

Feinstoffliche Essenzen aus Gold und Rosenquarz besänftigen nervöse Haut.

SEHR MILDES TONIKUM FÜR EMPFINDSAME GESICHTSHAUT

reinigt, beruhigt und belebt

sterile Flasche 100 ml, Tuch oder Kaffeefilter, MHD 3 Monate

- *50 ml Salbei-Hydrolat*
- *30 ml Cistrosen-Hydrolat*
- *20 ml Hamamelis-Hydrolat*
- *1 Tr. ätherisches Lavendel-Öl (Lavandula officinalis)*
- *Je 2 Tr. feinstoffliche Essenz Gold und Rosenquarz)*

Alle Zutaten in die Flasche geben, verschließen und gut schütteln. Nach einem Tag Ziehzeit durch ein Tuch oder einen ungebleichten Kaffeefilter seihen und in die Flasche abfüllen. Dieses milde und alkoholfreie Gesichtswasser eignet sich besonders bei sensibler unreiner Haut, die auf herkömmliches Gesichtswasser empfindlich reagiert. Auf einen Wattebausch geben und das vorgereinigte Gesicht 2–3 mal täglich sanft abtupfen.

Tipp: Die sanfte Mischung können Sie auch gut gezielt für leicht entzündete Stellen verwenden. Auf einen Wattebausch auftragen und etwa für 5–10 Minuten auflegen . Danach mit oben genutzten Cremes hauchdünn eincremen.

TONISIERENDES GESICHTSWASSER – GUT FÜR ALLERGIKER

nährt, belebt, schützt

sterile Flasche 50 ml, Stofftuch, MHD 6 Monate

- *1 Tr. ätherisches Rosengeranien-Öl*
- *5 ml Tinktur aus Rosen-Blüten (Wildrose)*
- *45 ml unkonserviertes Hydrolat aus Rosen-Blüten*

Das ätherische Öl und die Tinktur in die Flasche geben und durch leichtes Schütteln lösen. Dann das Hydrolat zufügen, wieder gut schütteln. Die Mischung 1 Tag ziehen lassen. Danach durch ein sauberes Stofftuch oder einen ungebleichten Kaffeefilter seihen. Dieses sehr milde, nährende und belebende Gesichtswasser eignet sich für normale bis empfindliche, auch für allergiebereite Haut. Die Kraft der Rose reguliert die natürlichen Selbstheilungskräfte der Haut und beruhigt Rötungen sowie kleinere entzündliche Prozesse.

Naturreine Substanzen unterstützen die natürlichen Selbstheilungskräfte der Haut.

WÜRZIGE KRÄUTER-SPÜLUNG FÜR MUND UND RACHEN

hemmt Entzündungen, beruhigt irritierte Schleimhäute

Glasspatel, steriler Flakon mit Tropf-Ausguss 30 ml, MHD 2 Jahre

- *20 ml Myrrhen-Tinktur*
- *10 ml Tinktur aus den Blüten der Ringelblume oder der Echten Kamille*
- *2 Tr. ätherisches Öl der Pfefferminze- oder Spearmint*

Geben Sie alle Zutaten in den Tropf-Flakon und schütteln Sie. Das Mundwasser ergänzt hervorragend die tägliche Zahnpflege. Dafür jeweils 2–3 Tropfen in ein Glas Wasser geben und damit den Mund ausspülen. Im Anschluss wieder ausspucken, nicht schlucken. Aphten oder Eiterherde in der Mundhöhle können Sie mit der puren Tinktur bepinseln – das lindert die Entzündung. Die Ursache jedoch unbedingt fachgerecht behandeln lassen.

SCHLÜSSELBLUMEN-VANILLE-PFLEGE- STIFT FÜR ZARTE LIPPEN

schützt, kittet kleine Risse, beugt Entzündungen vor

Becherglas 20–30 ml, Handrührgerät oder Glasspatel, sauberes Pflegestift-Röllchen oder Glastiegel 10 ml, MHD 1 Jahr

- *8 ml Mazerat aus Blüten der Schlüsselblume*
- *5 g Shea-Butter, ggf. in Rohkostqualität*
- *5 g gelbes Bio-Bienenwachs oder 4 g Xyliance und 1 g Cetylalkohol (für Veganer)*
- *½ Msp. naturreiner Bienenhonig, kann von Veganern weggelassen werden*
- *1-2 Tr. ätherisches Vanille-Öl: auf naturreine Qualität achten*

Eigener Lippenstift für die tägliche sanfte Pflege

Mit Ausnahme des ätherischen Öles alle Zutaten ins Becherglas geben und im Wasserbad erwärmen. Die Mischung solange rühren, bis sich alles gelöst hat. In die abgekühlte, noch flüssige Masse das ätherische Vanille-Öl unterrühren und alles sofort in ein Pflegestift-Röllchen oder einen braunen Glastiegel abfüllen. Schon ist der eigene Lippenpflegestift für zuhause und unterwegs fertig. Er ist universal einsetzbar: Die schützende und sehr zarte Lippenpflege ist für jeden Hauttyp und für die tägliche Pflege geeignet. Aufgrund des vanilligen Geschmackes ist sie besonders bei Kindern und Jugendlichen beliebt.

Tipp: Sie können das Vanille-Öl auch durch einen anderen Duft ersetzen: etwa Mandarine für einen fruchtigen oder Litsea für eine frischen sportlichen Duft.

KRÄFTIGENDE PFLEGE FÜR DIE HAARE

Gerade die Haare danken uns eine naturreine Pflege, frei von Silikon. Nach ein paar Wochen Umgewöhnungszeit strahlen sie Natürlichkeit aus und sehen frisch und gesund aus. Dafür ist neben der Reinigung und Pflege auch das tägliche Bürsten wichtig. Nehmen Sie dafür eine hochwertige Haarbürste mit Naturborsten.

DUFTENDES PFLEGEWACHS: KRAFT UND GLANZ BIS IN DIE HAARSPITZEN

spendet langanhaltende Feuchtigkeit, schützt vor Spliss

Becherglas 50 ml, sterile Tiegel, MHD 2 Jahre

- *20 ml Kokos-Öl*
- *20 ml Mandel-Öl*
- *5 g gelbes Bio-Bienenwachs oder 4 g Xyliance und 1 g Cetylalkohol (für Veganer)*
- *5 g Kakao-Butter, ggf. in Rohkostqualität*
- *5 g Shea-Butter, ggf. in Rohkostqualität*
- *2 Tr. ätherisches Ylang-Ylang-Öl*

Haarwachs kann täglich einmassiert werden. Sorgfältiges Bürsten unterstützt die Wirkung.

Das Kokos- und Mandel-Öl, das Bienenwachs und beide Butter-Arten in das Becherglas füllen und im Wasserbad schmelzen. Das ätherische Öl erst zum Schluss im leicht abgekühlten Zustand zugeben. Den Pflegebalsam massieren Sie sparsam nach der Haarwäsche in die feuchten Haarspitzen ein: zuvor am besten durch die Handwärme etwas anwärmen. Sie lassen das Haarwachs einfach einwirken, waschen es also nicht aus. Bei sehr trockenem Haar können Sie es gerne täglich verwenden. Es schützt die Haarspitzen sinnvoll und erhält die Struktur. Bei feinem, dünnen Haar reicht oftmals eine linsengroße Menge aus. Bei sehr spröden Haarspitzen oder störrischem Haar eher eine erbsengroße Menge verwenden. Sie werden es im Lauf der Anwendung merken, welche Menge – je nach Trockenheit der Haarspitzen – für Ihr Haar geeignet ist.

Tipp: Wenn Sie eine weichere Konsistenz bevorzugen, verwenden Sie einfach mehr Öl.

STÄRKENDE HAARPACKUNG AUS HENNA

verleiht natürlichen Glanz, tönend oder neutral
individuell auf Wunsch

größere Schüssel, Holzlöffel, (altes) Handtuch, sofortiger Gebrauch

Haare färben oder tönen können Sie zuhause selbst ganz preiswert.

je nach Haarlänge

- *100–300 g Henna-Pulver* neutral: *oder zum Färben* rotes *oder* schwarzes *Henna*
- *zum Tönen zusätzlich:*
  10 ml Kornblumen-Extrakt für einen dunklen oder 10 ml Extrakt der Echten Kamille für einen blonde Haare aufhellenden oder 10 ml Kastanien-Extrakt für einen bräunenden Farbton
- *1–3 Eigelb (bei veganer Variante weglassen)*
- *1–3 TL Apfel-Essig* naturtrüb
- *je 1–3 Tr. ätherisches Öl aus Rosmarin und Zitrone*
- *60-100 ml warmer Brennnessel-Tee*
- *12 Tr. ätherisches Argan-Öl*
- *12 Henna-Tinktur* neutral *oder* rot
- *2–6 Tr. Haarguar*

Das Henna-Pulver samt allen anderen Zutaten in der Schüssel mit einem sauberen Holzlöffel mischen. So viel Tee zugeben, bis eine geschmeidige Masse entsteht. Die Packung sollte nicht tropfen, aber streichfähig sein. Auf die trockenen oder noch etwas feuchten Haare geben, mit einem warmen Handtuch einwickeln und mindestens 30 Minuten einwirken lassen: Je länger die Einwirkzeit des färbenden Hennas, desto dunkler und anhaltender der Farbton. Schwarzes Henna tönt ausschließlich dunkle Haare, nicht aber blonde. Danach mit viel warmem Wasser ausspülen. Die Packung verleiht einen wunderbaren Glanz und stärkt die Haarstruktur, sowie den Ansatz.

Tipp: Bei Haarausfall die ätherischen Öle Basilikum und Sandelholz probieren. Je nach Ursache kann das den Haarboden unterstützen.

KRÄFTIGENDES SALBEI-SHAMPOO FÜR DEN HAARBODEN

wirkt entfettend, reguliert die Talg-Produktion

Handrührgerät, Becherglas 60–100 ml, Glasflasche 60–100 ml, Lackmuspapier, MHD 6 Monate

- *2–3 Msp. Xanthan* transparent *als pflanzlichen Verdicker*
- *20 -40 ml Salbei-Hydrolat, je nach Beschaffenheit des Xanthans*
- *20 ml Kokosglucosid -Tensid*
- *15 g Sanfteen (Sucrose cocoate) -Tensid*
- *10 -30 Tr. Mandel-Öl, je nach Trockenheit des Haares*
- *5 ml Salbei-Tinktur*
- *5 Tr. ätherisches Salbei-Öl*
- *5 Tr. ätherisches Zitronen-Öl*
- *10 Tr. Apfel-Essig* naturtrüb

Wenn Sie natürliche Tenside verwenden, danken es Ihnen Haut wie Haare und Umwelt.

Xanthan-Pulver und Salbei-Hydrolat einweichen, dann mit dem Handrührgerät im Becherglas mischen, bis alle Klümpchen aufgerührt sind und eine puddingartige Konsistenz entsteht. Das kann 15 Min. in Anspruch nehmen. Der Mischung dann das Face-Tensid zugeben und von Hand weiterrühren. Fügen Sie sodann das Sanfteen der Tensid-Mischung zu, wobei diese nochmals andickt. Das Mandel-Öl geben Sie ebenfalls in die Masse. Rühren Sie alles von Hand. Im letzten Schritt der Zubereitung geben Sie die Salbei-Tinktur und die ätherischen Öle hinzu und verrühren vorsichtig. Der ph-Wert sollte bei 5 liegen: Messen Sie mit dem Lackmuspapier. Für einen abschließenden Spülgang geben Sie 1–2 EL des Haarspülungs-Essigs (siehe folgendes Rezept Seite 182: Reinigende Haarspülung) auf 0,5 l Wasser. Danach nicht nochmals ausspülen – der Essigduft verfliegt schnell. Im Lauf der Zeit reguliert sich die Talg-Produktion der Kopfhaut und der Haarboden kräftigt sich zusehends.

Xanthan muss solange gerührt werden, bis alle Klümpchen aufgelöst sind.

REINIGENDE HAARSPÜLUNG

gibt natürlichen Glanz, macht die Haare weich

Weithalsflasche 500 ml, Sieb, MHD 1 Jahr

- *0,5 l Apfel-Essig* naturtrüb
- *3 EL frische Kletten-Wurzeln*
- *2 Hände frische Blätter der Brennnessel*

Den Apfel-Essig in die Flasche füllen, dann mit den frischen gesäuberten Kletten-Wurzeln sowie den Brennnessel-Blättern füllen. Die Flasche verschließen und 6 Wochen an einen Ort mäßiger Wärme stellen. Sie können nach dem Filtern durch ein Sieb die Wirkung des Essig-Auszugs mit ätherischen Ölen und feinstofflichen Essenzen individuell bestimmen. Schütteln Sie ihn vor dem Gebrauch stets auf und verdünnen Sie mit 1–2 EL auf 0,5 l Wasser.

SANFTES BLÜTEN-SHAMPOO FÜR JEDES HAAR

reinigt milde, pflegt, beruhigt

Handrührgerät, 2 Bechergläser 60–100 ml, Glasflasche 60–100 ml, Lackmuspapier, MHD 6 Monate

- *2–3 Msp. Xanthan* transparent *als pflanzlichen Verdicker*
- *20 -40 ml Lavendel-Hydrolat, je nach Beschaffenheit des Xanthans*
- *22 g Kokosglucosid als Tensid*
- *10 g Sanfteen (Sucrose cocoate) als Tensid*
- *10 ml Mazerat aus den Blüten der Ringelblume, je nach Trockenheit der Haare*
- *6 Tr. ätherisches Cananga-oder Ylang Ylang- Öl*
- *20 Tr. Zitronensaft*
- *5 Tr. Tinktur Henna* neutral

Xanthan-Pulver und Lavendel-Hydrolat mit dem Handrührgerät im Becherglas mischen, bis eine gleichmäßige puddingartige Konsistenz entsteht. Das kann einige Zeit dauern. Der Mischung das Face-Tensid zugeben und von Hand weiterrühren. Danach das Sanfteen mit dem Ringelblumen-Mazerat in einem Extragefäß vermengen und anschließend vorsichtig in das angedickte Lavendel Hydrolat einrühren. Zuletzt das ätherische Öl, den Zitronensaft sowie die Henna-Tinktur von Hand unterrühren. Nicht schütteln oder mixen, da sich sonst Schaum bildet. Der pH-Wert (Lackmuspapier) sollte bei 5 liegen.

SPEZIALPFLEGE UND DÜFTE

Jeder Hauttyp hat ganz spezielle Ansprüche, gerade bei Unreinheiten, Reizzuständen oder nach Belastungen wie zu starker Sonneneinstrahlung. Unterstützend für ein gesundes Äußeres wirken auch Anwendungen von innen wie frischer Saft oder ein Reinigungstee. Auch Parfüms und Raumdüfte können unser Wohlbefinden positiv beeinflussen und die Atmosphäre freundlich stimmen. Darüber hinaus symbolisieren sie auch den persönlichen Selbstausdruck. Nebenbei besitzen naturreine Düfte auch ein desinfizierendes Potential – was nicht nur in der Winterzeit nützlich sein kann. Das Basis-Rezept für ein Parfüm finden Sie auf der Seite 73.

PRAKTISCHER PICKELTUPFER – FÜR DIE HEILKOSMETIK ZWISCHENDURCH

heilt kleinere Entzündungen, lässt Pickel abklingen

10 ml Schraubdeckelglas, Roll-on-Flasche 10 ml, Schaschlikstab, MHD 1 Jahr

Präparate mit zwei Phasen erhalten Sie, wenn Sie ohne Emulgator arbeiten.

- *2 ml Mazerat aus Spitzwegerich-Blättern in Oliven-Öl*
- *2 ml kaltgepresstes Schwarzkümmel-Öl*
- *1 ml biologisches Aloe-vera-Gel, möglichst unkonserviert*
- *2-4 ml Spitzwegerich-Tinktur*
- *1 ml Thymian-Tinktur*
- *1 ml Schafgarben-Tinktur*
- *4 Tr. reines ätherisches Teebaum- oder Cajeput Öl*
- *1 Msp. Non-Nano- Zink pulverisiert: sofern vorhanden*

Alle Zutaten in das Schraubdeckelglas geben, schütteln und mit einem Schaschlikstab verrühren. Die Mischung danach in die kleine Roll-on-Flasche geben. Direkt vor Gebrauch immer schütteln, da kein Emulgator enthalten ist. Lässt bei regelmäßiger Anwendung kleine Pickelchen abklingen: Die Pflanzenextrakte wirken entzündungshemmend, desinfizierend und abschwellend.

Tipp: Der Pickeltupfer passt in jede Tasche und ist auch bei juckenden Insektenstichen und Lippenherpes nützlich.

JUNGBRUNNEN-FLUID FÜR STRAPAZIERTE, REIFE HAUT

nährt, schützt und baut auf

2 Bechergläser 50 und 100 ml, sauberes Glas 20 ml, Mixer, Pumpspender 20 ml, MHD 3 Monate

- *10 ml Rotklee-Tinktur*
- *10-20 ml Rosen-Hydrolat*
- *10 ml Hamamelis-Hydrolat*
- *1 Msp. Xanthan; eventuell etwas mehr, da die Sorten unterschiedlich reagieren*
- *2 ml Argan-Öl*
- *1 Tr. ätherisches Rosen-Öl, alternativ Rosengeranie*
- *1 Tr. ätherisches Cananga-Öl, bei trockener Haut oder*
- *1 Tr. ätherisches Lavendel-Öl, bei regenerationsbedürftiger Haut*
- *½ g Cetylalkohol*

Falls Sie die Rotklee-Tinktur verwenden: Zunächst im feuerfesten Becherglas den Alkohol der Tinktur in 10 ml heißem destilliertem Wasser verdampfen lassen, dabei ständig rühren. Die Hydrolate separat in einem sauberen Glas mischen. Davon 10 ml dem Dekokt oder der Tinktur zugeben. Sodann auch das Xanthan und die restliche Hydrolat-Mischung zugeben und mit dem Mixer verrühren, bis sich alles vollständig verteilt hat und ausdickt. Das kann etwas dauern. Am Schluss die Öle separat im Wasserbad in einem etwas größeren Becherglas mit dem Cetylalkohol erwärmen, bis er sich löst. In diese Öl-Lösung alle Zutaten mit dem Mixer einrühren. Dieses wunderbare Hautfluid hält die Haut jung, nährt, schützt und baut anspruchsvolle und reife Haut auf. Sie können es täglich für die Gesichtspflege verwenden oder ab und zu als Aufbaukur für den gesamten Körper. Bei sehr trockener Haut können Sie es auch unter der Creme einsetzen.

Tipp: Das nährende Fluid eignet sich auch sehr gut zur Pflege der Augenpartie und des Halsbereiches. Sollte der Cetylalkohol zu stark nachdicken, können Sie etwas mehr Öl zugeben und das Ganze nochmals kurz erwärmen.

ENTSCHLACKENDE FRÜHJAHRSKUR AUS DER KRAFT DER HEILKRÄUTER

entgiftet, entwässert, fördert die Vitalität

Entsafter, MHD 2–3 Tage (Kühlschrank)

- *2 Handvoll frisches Brennnessel-Kraut: jeden Tag die Menge verdoppeln*
- *je nach Ihrer Pflanzenkenntnis, persönlichem Geschmack und Möglichkeit können Sie die Brennnessel auch durch andere Kräuter wie Giersch oder Gundermann teilweise ergänzen*

Zum Entsaften sind Walzenpressen empfehlenswert, aber keine Zentrifugen, die das Pressgut erwärmen. Alternativ können Sie auch einen Blender verwenden. Sie geben als erstes 2 Handvoll Brennnesseln oder andere Kräuter in den Entsafter und verdünnen je nach Geschmack und Vorliebe mit Wasser oder Buttermilch. Diesen Kraft-Cocktail trinken Sie vor dem Frühstück. Verdoppeln sie jeden Tag das Pflanzengut und damit die Trinkmenge. Nach 5 Tagen erreichen Sie den Gipfelpunkt – und reduzieren die Menge danach jeden Tag um die Hälfte, bis Sie wieder bei 2 Handvoll Pflanzengut landen. Diese klassische Frühjahrskur entschlackt den Gesamtorganismus: Sie entwässert das Gewebe und fördert Durchblutung und Vitalität. Außerdem stärkt sie das Bindegewebe, Haut und Haarboden, regeneriert unreine und fahle Haut und lindert rheumatische Beschwerden und Gicht. Nicht bei Ödemen oder in der Schwangerschaft anwenden.

Saft aus frischen Kräutern unterstützt die Gesundheit effektiv.

Tipp: Da Brennnesseln Schwermetalle nicht nur aus dem Körper, sondern auch aus dem Regenwasser binden, niemals nach einem Regenguss ernten. Wenn es nach Regen aussieht, sammeln Sie im Vorfeld am besten einen kleinen Pflanzen-Vorrat und bewahren ihn in einem feuchten Tuch im Kühlschrank auf. Das Pflanzengut bleibt so auf jeden Fall 2–3 Tage frisch.

GEL FÜR TROCKENE HAUT

regulierte die natürliche Funktion trockener und empfindlicher Haut

steriler Tiegel 25 ml, Mixer, Pumpspender 20 ml, MHD 3 Monate

- *1 g Xanthan; eventuell etwas mehr, da die Sorten unterschiedlich reagieren*
- *10-20 ml Rosen-Hydrolat*
- *10 ml Cistrosen-Hydrolat, bei Rötungen*
- *4 Tr. feinstoffliche Essenz aus Linden-Blüten oder Rosen-Blüten*
- *4-8 Tr. Wildrosen-Ol (aus den Samen)*
- *½ Tr. ätherisches Rosen-Öl, mit dem Zahnstocher entnehmen*

Trockene Haut braucht eine nährende und aufbauende, ganz besonders reichhaltige Pflege.

Das Xanthan und die Hydrolate im Tiegel mit dem Mixer verrühren, bis sich die Masse vollständig verteilt hat und ausdickt. Das kann einige Zeit in Anspruch nehmen. Dann die Essenz und die Öle zugeben, dabei weiterrühren. Das Gel tragen Sie vor dem Einsatz der normalen Pflegecreme auf die gereinigte Haut auf. Es reguliert die natürliche Hautfunktion empfindlicher und trockener Haut und baut die Widerstandsfähigkeit auf. Auch bei allergischer Haut ist es gut verträglich.

TEE-MISCHUNG BEI UNREINER HAUT

entschlackt und reinigt innere Organe und die Haut, nicht geeignet in Schwangerschaft, Stillzeit und bei Ödemen

Teekanne, sofortiger Gebrauch

- *2 Teile Brennnessel-Blätter*
- *2 Teile Löwenzahn-Wurzeln*
- *1 Teil Gänseblümchen-Blüten*
- *1 Teil Eisenkraut oder Ehrenpreis*
- *1 Teil Thymian-Kraut*
- *1 Teil Knospen von Rosen- oder Veilchen-Blüten*
- *½ Teil Blüten vom Leberblümchen; unbedingt ausschließlich getrocknet verwenden, da giftige Inhaltsstoffe (Protoanemonin) erst durch den Trockenvorgang zerfallen*

Alle getrockneten Zutaten mischen. 3 EL davon auf 1 l abgekochtes Wasser geben und bedeckt 10 Minuten ziehen lassen. Über einen Zeitraum von 4 Wochen 2–3 Tassen täglich heiß trinken. Sie können den Tee auch kalt mit etwas Zitrone trinken, ohne Zucker. Er entgiftet Leber, Darm und Niere und stärkt die inneren Organe und das Immunsystem. Als Kur regt er den Gesamtstoffwechsel an und reinigt die Haut.

SINNLICH DUFTENDE KÖRPERBUTTER FÜR DIE TÄGLICHE PFLEGE

nährend, glättend, schützend

Becherglas 30–60 ml, Glasspatel, Gebäckförmchen oder Papierhüllen für Muffins oder Seifen- bzs. Silikonformen, MHD 1 Jahr

Körperbutter ist einfach herzustellen – und ein schönes Geschenk.

- *5 ml Argan-Öl*
- *3 TL Kakao-Butter, ggf. in Rohkostqualität*
- *1 TL Shea-Butter, ggf. in Rohkostqualität*
- *½ TL gelbes Bio-Bienenwachs oder Xyliance und Cetylalkohol 1:1 (für Veganer)*
- *10 Tr. ätherisches Kakao-Öl oder*
- *15 Tr. ätherisches Vanille-Öl*
- *10 Tr. ätherisches Guajakholz-Öl (bzw. 12 Tr. Guajak "light") oder*
- *10 Tr. Benzoe-Öl*
- *2 Tr. ätherisches Öl von Ylang-Ylang*

Alle Zutaten außer den ätherischen Ölen ins Becherglas geben und im Wasserbad erwärmen, schmelzen und dabei mit einem Glasspatel verrühren. Die ätherischen Öle erst zugeben, wenn Sie das Körperbutter-Gemisch bereits vom Feuer genommen haben. Die Dosis Ihrer Duftvorliebe anpassen. Die noch flüssige Masse in kleine Förmchen gießen und aushärten lassen. Die Körperbutter schmilzt auf der Haut, nährt sie nachhaltig und zaubert ein samtiges Gefühl. Der herrlich warme, sehr sinnliche und anregende Duft wird Sie betören. Wenn Sie Litsea- oder Pampelmusen-Öl an Rosmarin verwenden, erhalten Sie einen frischen, sportlichen Duft.

LEICHT-HERBES UNISEX-PARFÜM ODER RAUMSPRAY FÜR GELASSENHEIT

entspannend, beruhigend, ausgleichend

Parfüm-Flakon 10 ml, MHD 6 Jahre

- *8 ml Weingeist*
- *8 Tr. ätherisches Zedern-Öl:* Himalaya *für herbe Würze oder* Virginia *für eine zartere Note*
- *8 Tr. ätherisches Ylang-Ylang-Öl*
- *3 Tr. ätherisches Lavendel-Öl (Lavandula officinalis)*
- *3 Tr. ätherisches Öl der Blutorange*
- *2 Tr. ätherisches Öl der Zirbelkiefer*
- *2 Tr. ätherisches Öl der Tonkabohne*
- *2 ml feinstoffliche Essenz aus Lavendel-Blüten*

Bei naturreinen Düften können Sie unter Berücksichtigung der Kontraindikationen kreativ sein und experimentieren.

Den Weingeist, die Zeder und die Essenz in den Flakon geben und gut schütteln. Dann Tonka, Zirbe und Lavendel hinzugeben, schütteln und erst danach die restlichen Öle zufügen. Das entspannende und beruhigende Parfüm ist vor allem für Menschen mit allzu schnellem Lebenswandel geeignet.

VITALISIERENDES PARFÜM ODER RAUMSPRAY MIT BELEBENDER WIRKUNG

stimmungsaufhellend, erfrischend

Parfüm-Flakon 10 ml, MHD 2 Jahre

- *10 ml Weingeist*
- *8 Tr. ätherisches Litsea-Öl*
- *8 Tr. ätherisches Pampelmuse-Öl*
- *8 Tr. ätherisches Orangen-Öl* süß
- *2 Tr. ätherisches Fokiena-Öl*
- *1 Tr. ätherisches Öl der Rosengeranie oder der Chinesischen Geranie*

Den Weingeist und die Fokiena in den Flakon geben und gut schütteln. Dann Litsea und Geranie und erst anschließend die restlichen Öle zugeben. Das fruchtige-anregende Parfüm verströmt den Duft eines lauen Sommertages: leicht, frisch und vitalisierend. Es belebt spürbar und hebt die Stimmung. Außerdem unterstützt es durch die Zitrus-Öle die Konzentration.

EXOTISCHES PARFÜM-ÖL *INDIEN-TRAUM*

sinnlich, feminin, einladend

Braunglas-Fläschchen oder Pipettenflasche 10 ml, MHD 2 Jahre

- *10 ml Jojoba-Öl*
- *8 Tr. ätherisches Sandelholz-Öl* echt (Australien)
- *8 Tr. ätherisches Patchouli-Öl*
- *8 Tr. ätherisches Cananga-Öl*
- *2 Tr. ätherisches Frangipani-Öl*
- *2 Tr. ätherisches Tuberose-Öl oder Jasmin-Öl* echt
- *2 Tr. ätherisches Limetten-Öl*

Das Jojoba-Öl in die Flasche füllen, dann einzeln die ätherischen Öle zugeben und immer gut verschütteln. Im Abschluss zum Reifen mindestens 4 Wochen ruhen lassen. Der Duft feiert die Weiblichkeit. Er wirkt verführerisch und sehr exklusiv.

DESINFIZIERENDER RAUMDUFT

reinigt die Raumluft, kräftigt das Immunsystem, schützt

sauberes Braunglas (Größe je nach Menge), MHD 1 Jahr

- *4 Teile ätherisches Eukalyptus-Öl (wenn Kinder unter sechs Jahren im Haus sind nur Eucalyptus citriodora)*
- *2 Teile ätherisches Ravensara-Öl*
- *2 Teile ätherisches Cajeput-Öl*
- *2 Teile ätherisches Niaouli-Öl*

Die Öle in das Braunglas füllen und schütteln. Sie können diese Mischung tropfenweise in eine Aromalampe oder einen Diffuser geben. Praktisch ist es auch, 20 Tropfen des Öl-Gemisches auf 1 l Wasser in einen Blumensprüher zu träufeln. So können Sie Wohnräume, Türklinken, das Bad und andere zu desinfizierende Stellen besprühen. Wichtig ist, frisches Cajeput- und Niaouli-Öl zu verwenden, denn diese Öle werden toxisch, wenn sie überlagert sind.

Tipp: Geben Sie ein paar Tropfen in das Putzwasser.

Naturreine ätherische Öle sind effektive Helfer für Körper und Seele.

GLOSSAR

Absolue Gewinnung ätherischer Öle mittels Lösungsmittel wie Alkohol oder Hexan

Absud Abkochung von Pflanzenstoffen

adstringierend zusammenziehend; kosmetisch: zieht die Poren der Haut zusammen

ätherisches Öl flüchtiger Stoff, der aus Pflanzen extrahiert wird und ein typisches Aroma hat

Auszug Pflanzenteile oder Harze, die mittels Alkohol oder Wasser konzentriert und lagerfähig gemacht werden

Creme fett- und wasserhaltiges Mittel zur Einreibung und Pflege der Haut

Couperose so genannte „Kupferfinnen": geplatzte Äderchen, die eine Hautrötung verursachen

Dekokt Konzentration von wässrigen Kräuter-Auszügen mittels Eindampfen

einhäusig männliche und weibliche Blüten auf der gleichen Pflanze

einjährig Pflanze lebt eine Vegetationsperiode

Emulsion stabiles Vermischen zweier schwer mischbarer Flüssigkeiten, z.B. Fett in Wasser

Extrakt konzentrierte Zubereitung von Pflanzenteilen mittels Einkochen, Auszug durch Alkohol oder Wasser

feinenergetisch energetische Wirkebene einer Pflanze, unabhängig von ihrer Stofflichkeit und ihren Wirkstoffkomplexen

feinstoffliche Essenz Wasser, das die energetische Schwingung einer Pflanze aufgenommen hat; ähnlich Bach-Blüten

Harze wasserunlösliche, alkohol - und öllösliche Pflanzensekrete, z. B. Fichten-oder Weihrauch- Harz

Infus (luftdichtes) Auszugsverfahren für Kräuter durch Wasser, konzentrierter als Tee

Kaltauszug Auszug von Wirkstoffen mit Wasser oder Alkohol ohne Erwärmen

Kaltpressung Verfahren zur Gewinnung von ätherischen Zitrus-, Saaten- oder Basis-Ölen

Kapha aus dem Ayurveda: steht für erdig, schwere Energie; ist als Menschentypus beständig, treusorgend, fürsorglich, nachhaltig; oft schwerer Körperbau (siehe Pitta & Vata)

Kontraindikation Grund, eine bestimmte Pflanze oder ein Heilmittel nicht anzuwenden, z. B. aufgrund von Schwangerschaft

Lecithin emulgierendes Lipoid (Fett)

Linalool ungesättigter Alkohol als Bestandteil ätherischer Öle

Mazerat Auszug meist aus frischen Pflanzen in einem Basis-Öl; kann auch Wasser- oder Alkohol-Auszüge bezeichnen

mehrjährig Pflanze lebt über mehrere Vegetationsperioden, mindestens 3 Jahre

Menthol kühlende kristalline Substanz von Minzen, natürlich oder synthetisch zu gewinnen

naturidentisch synthetische Rekonstruktionen z. B. von Duftstoffen nach dem Vorbild der Natur; oft gesundheitsbedenkliche Wirkung

Neurodermitis Haut-Ekzem, das mit trockener, juckender Haut einhergeht und eine Rötung verursacht; ist nicht ansteckend

Panthenol unterstützt den Feuchtigkeitshaushalt der Haut, gewonnen z. B. aus Beinwell

Peeling Abreiben abgestorbener Hautpartikel, regt die Zellregeneration an und unterstützt die Aufnahme von Wirkstoffen durch die Haut

pH-Wert zeigt das Basen-Säure-Verhältnis einer Flüssigkeit an, mit Lackmus-Papier messbar; Wert unter 7 bedeutet Säure, über 7 bedeutet Base

Photosensibilität Hautempfindlichkeit für Sonneneinwirkung

Phytopharmaka Arzneimittel, die aus Pflanzenwirkstoffen hergestellt werden

Phytotherapie Pflanzenheilkunde

Pitta aus dem Ayurveda: steht für feurig flinke Energie; ist als Menschentypus beweglich, inspirierend, visionär; oft stabiler Körperbau (siehe Kapha & Vata)

Potenzierung Verdünnungsverfahren der Homöopathie mittels Verschütteln oder Verreiben

Puffer Stabilisator für den pH-Wert

Saponine Stoffe, die die Oberflächenspannung des Wassers mindern, seifenähnlich einsetzbar

Sud ein in heißem Wasser bereiteter Aufguss

Tensid waschaktive Substanz

Tinktur Auszug der Wirkstoffe aus Pflanzen und Harzen durch hochprozentigen Alkohol / Weingeist

Tonikum Stärkungsmittel

toxisch giftig

Umschlag (Wickel) Einwickeln mit wirksamen Pflanzenauszügen durch Verbandsmaterial

Vata aus dem Ayurveda, steht für luftig leichte Energie; nimmt als Menschentypus leicht auf, ist wendig, flexibel, besitzt rasche Auffassungsgabe; oft schlanker Körperbau (siehe Kapha & Pitta)

Vergällen macht Rohstoffe als Nahrungsmittel ungenießbar, wird z.B. bei Alkohol angewendet

Wasserdampf-Destillation Verfahren zur Gewinnung ätherischer Öle

Yin & Yang Yin steht nach chinesischer Lehre für die weibliche Energie, ist aufnehmend, bewahrend, nährend, eher passiv; Yang symbolisiert die männliche Energie und ist bewegend, zielgerichtet, umsetzend, schützend, eher aktiv

zweihäusig männliche und weibliche Blüten sind auf verschiedenen Exemplaren einer Pflanze

zweijährig im ersten Jahr wachsen Blätter sowie teilweise auch der Stängel, erst im zweiten Jahr blüht die Pflanze, Bsp. Königskerze

Abkürzungen/Symbole

Msp.	= Messerspitze	Tr.	= Tropfen
g	= Gramm	ml	= Milliliter
♀	= weiblich	l	= Liter
♂	= männlich	%	= Prozent
MHD	= Mindesthaltbarkeitsdauer		= Roh-Kosmetika
EL	= Esslöffel		= für Kinder geeignet
TL	= Teelöffel		= vegan

ZUM WEITERLESEN

Bühring, Ursel: *Praxis-Lehrbuch der modernen Pflanzenheilkunde.* Sonntag Verlag 2011. Ein schönes Handbuch für Phytotherapie-Praktiker, mit Schulungsaufgaben.

Fischer-Rizzi, Susanne: Medizin der Erde: Heilanwendung, Rezepte und Mythen unserer Heilpflanzen. AT Verlag 2010.

Käser Heike: Naturkosmetik selbermachen. Freya Verlag 2012.

Storl, Wolf-Dieter: *Von Heilpflanzen und Pflanzengottheiten.* Aurum Verlag 2004.

Storl, Wolf-Dieter: *Die Seele der Pflanzen. Botschaften und Heilkräfte aus dem Reich der Kräuter.* Kosmos-Verlag 2009.

Willfort, Richard: *Gesund durch Heilkräuter.* Rolf Tauner Verlag Linz 1964. Eines der besten Bücher zur Heilpflanzenkunde überhaupt.

Veit, Myriam: *Mein Deodorant: natürlich frisch.* Freya Verlag 2016
Meine Sonnenpflege: natürlich geschützt. Freya Verlag 2017
Die Heilkraft der Raunächte: Rituale, Räuchermischungen und Rezepte für die heiligen Nächte. Nymphenburger Verlag 2021

EMPFEHLUNGEN AUS DEM NYMPHENBURGER-VERLAG

Fuchs, Christine: *7 Minuten Räuchergenuss 2021*
Hess, Sam: *Die Welt der Naturgeister 2020*
Kottmann, Sina Lucia: *Die Kraft der Elemente 2021*
Krämer, Susanne: *Am Saum des Himmels 2021*
Stoehr, Guntram: *Die Natur als Kraftort 2020*
Stumpf/Zingsem/Hase: *Mythische Bäume 2021*
Zenz, Diana: *Aromatherapie für die Seele 2020*

NÜTZLICHE ADRESSEN: ROHSTOFFE, ZUBEHÖR, SEMINARE

NAOWA Naturkosmetik & Duftmanufaktur: Wirtsgasse 14, 74538 Rosengarten, 0791 / 9460812; Seminare zu Heilpflanzen, Räucher- und Aromakunde, Naturkosmetik, Yoga & Meditation; 100 % ätherische Öle naturrein aus Wildwuchs und kontrolliert biologischem Anbau, Räucherwerk in großer Auswahl, naturreine Rohstoffe, Zubehör, Frischpflanzen-Naturkosmetik aus der eigenen Manufaktur, Behandlungen (Energetic Clearing), Energetic Yoga, Reisen und Camps, Wiederverkäufer- und Therapeuten -Konditionen. Weiterführende Informationen unter www.Naowa.de

Syringa Duftpflanzen und Kräuter: Bachstraße 7, 78247 Binningen, 07739 / 1452; kraftvolle und gesunde Pflanzen; www.syringa-pflanzen.de

grünerTiger Versand: Felix Lage, Fallerstraße 18, 82433 Bad Kohlgrub, 08845 / 7579988, f.lage@t-online.de; seltene Saaten und alte Heilpflanzen-Samen; www.gruenertiger.de

Aromagarten Erlangen an der Palmsanlage / 91054 Erlangen; unter der Führung von Dr. Elke Puchtler - klein, aber fein, Führungen zu Duftpflanzen und zum Pflanzenwesen

Verein Forum Essenzia e. V.: Kotterner Straße 81, 87435 Kempten, 08370 / 325473, info@forum-essenzia.org; Verein für Aromatherapie, Aromapflege und Aromakultur mit hervorragender Arbeit; www.forum-essenzia.org

MEINEN HERZLICHEN DANK

möchte ich aussprechen an die wundervolle Welt der Pflanzendevas, welche sich mir immer wieder neu unaufdringlich und kraftvoll zugleich offenbart. Auch an all die bezaubernden Menschen, die meinen Weg begleiten: meine Verwandten und Ahnen, die mir Raum gegeben haben zu sein. Ein ganz großer Dank geht an meine tollen Kinder.

Ein besonderer Dank geht auch an die Künstlerin Charlotte Fischer, ohne deren wesenhafte Bildsprache dieses Buch nicht das geworden wäre, was es ist. Aber auch meinen Kursteilnehmerinnen und Kursteilnehmern, von denen ich stetig lernen darf durch ihre klugen Fragen.

Myriam Veit wurde 1970 in Bad Cannstatt bei Stuttgart geboren und lebt heute in Rosengarten bei Schwäbisch Hall. Schon von Kindesbeinen an war die Welt draußen in der Natur die ihre. Das Wesenhafte der Pflanzenkraft zu spüren und damit eins zu sein, war ihr schon als Kind gegeben. Die Berufung wurde ihr zum Beruf. Nach der Schulbildung brachte sie vor rund 25 Jahren die kleine, rein handwerklich arbeitende *NAOWA Naturkosmetik & Duftmanufaktur* auf den Weg. Reisen innerhalb Europas, nach Asien und auf die Kanaren dienten der Weiterbildung, unter anderem bei ayurvedischen Ärzten und in tibetischen Klöstern. In ihrer Arbeit mit Pflanzen lernt sie wie in einer Lebensschule, die niemals endet, beständig weiter.

Myriam Veit bietet bei *NAOWA* Seminare an: zur Intuition und Vision, zur Kräuterkunde, über die Herstellung reiner Natur- und Heilkosmetik, zu Pflanzenparfümen und Aromakunde, Räucherabende und Yoga-Kurse – für Erwachsene wie auch speziell für Kinder und Jugendliche. In ihrer Manufaktur werden in liebevoller Handarbeit naturreine Heilkosmetik aus heimischen Frischpflanzen hergestellt. Darüber hinaus gibt es eine Vielzahl botanischer Raritäten für seltene Duft- und Räucherstoffe. Einzigartig sind ihre Duftkompositionen nach individuellen Bedürfnissen.

www.naowa.de

Charlotte Fischer, geboren 1957, studierte an der Fachhochschule Darmstadt *Kommunikationsdesign* mit dem Schwerpunkt *Fotografie.* Sie lebt mit ihrer Familie im Saarland und arbeitet als freischaffende Fotografin in künstlerischen, pädagogischen und sozialen Zusammenhängen: Bühnenfotografie, Buchillustrationen, Prospekt- und Website-Gestaltungen in Zusammenarbeit mit einem Team aus Grafikern und Textern. Ihr Hauptanliegen ist, mit den Mitteln des natürlichen Lichtes *(Available Light Photography)* das Wesen ihrer Motive zum Ausdruck zu bringen.

www.lottefischer.de

REGISTER

IMPRESSUM

Mit 195 Fotos: 31 von Gartenschatz (S. 42, 48, 76, 80, 84, 85, 87, 90, 98, 99, 101, 103, 104, 107, 110, 111, 112, 113, 114, 119, 123, 127, 128, 132, 137, 138, 139, 142, 143, 144), 1 von Frank Hecker (S. 78). 1 von Rudolf König (S. 122), 1 von Susanne Sonneck (S. 131), alle übrigen von Charlotte Fischer/Kosmos
außerdem 46 Farbzeichnungen: von Marianne Golte-Bechtle/Kosmos (S. 76, 77, 78, 79, 81, 82, 83, 86, 87 oben und unten links, 89, 90, 91, 92, 93 oben, 94, 97, 98, 104, 105, 107, 109, 110, 111, 112, 113), Sigrid Haag/Kosmos (S. 87 unten rechts, 95, 103, 108, 114), Reinhild Hofmann/Kosmos (S. 84, 88, 101, 115), Gerhard Kohnle/Kosmos (S. 93 unten, 100, 102, 106), Roland Spohn/Kosmos (S. 80, 85, 96, 99)

Umschlaggestaltung von Gramisci Editorial Design, München / Claudia Geffert unter Verwendung von 5 Fotos von Shutterstock und 6 Fotos von Charlotte Fischer

MIX
Papier aus verantwortungsvollen Quellen
FSC www.fsc.org FSC® C110508

Gedruckt auf chlorfrei gebleichtem Papier

ISBN 978-3-96860-019-2
Projektleitung und Lektorat: Dr. Stefan Raps und Ramona Imhof
Layout: Olga Baykalowa, solutioncube Reutlingen
Satz: DOPPELPUNKT, Stuttgart / Barbara Kiesewetter, München
Produktion: Markus Schärtlein, Angela List
Druck und Bindung: Westermann Druck Zwickau GmbH, Zwickau
Printed in Germany / Imprimé en Allemagne

DER EIGENE HEILPFLANZEN-GARTEN

Kräuter und Heilpflanzen helfen auf natürliche Weise gegen vielerlei Hautbeschwerden und unterstützen den Körper. Oft gedeihen die kleinen Helfer von ganz alleine in den heimischen Gärten, und wollen wahrgenommen und entdeckt werden. Diese drei Pflanzen auf der rechten Seite unterstützen Ihre Hautpflege sinnvoll: